ちょっとしたことでうまくいく

発達障害の女性が上手に生きるための本

Decojo代表
沢口千寛 著

SHOEISHA

はじめに

この本を手にとってくださり、ありがとうございます。「発達障害」と「女性」というキーワードにピンときたからこの本を手にとってくださったのではないでしょうか。

実をいうと、大人になってから自身の発達特性に気づく女性は少なくありません。男性と女性では発達特性の出方が異なる場合が多く、幼少期に見過ごされてきたというケースが多々あるからです。たとえば、ADHDを持つ男の子は多動のため授業中にじっとしていることができず、発達特性が目立つ一方、ADHDの女の子は頭の中が多動で集中できずに複数の思考がぐるぐるしているが、動き回ることはないので気づかれない、という感じに目立たないが故に気づいてもらえなかったということがあるのです。

さらに女性だと協調性を求められる場面も多く、それが隠れASDにつながることもあります。私が思うに、女性は協調性や共感性を大事にする傾向があるので、皆と違う意見を持っていたり、ちょっと浮いた格好をしていたりするだけで女の子のグループからすぐにハブられてしまったりする、そんな経験をした人も、そんな光景を目の当たりにした人も多いのではないでしょうか。本当は何が面白いかわからないけれど笑っておく、全然納得できないけれど同意しておく、過去に〝協調性〟を欠いたばかりに苦い経験をしたことから、周囲に過度に適応し、自分の特性をひた隠しに生きる、こうしたことが隠れASDにつながるのです。その結果、大人になってから仕事が回らなくなって気づく、どの職場でも浮いてしまって気づく、子どもを産んでから育児をしていて気づく女性は非常に多くいます。

私は発達障害を持つ女性のためのコミュニティ「Decojo（でこ女）」を2017年から運営しています。オンライン・対面を通して数百回の女性限定の当事者会（当事者同士で集まり悩みやモヤモヤを語り、互いに共感したり、ライフハックをシェアしたりして生きづらさの解消を図るイベント）を開催し、多くの女性当事者と対話をしてきました。

会を開催して気づいたのは、悩みを自分だけで抱える女性が非常に多いことです。発達障害を自覚しつつも生活は何も変わらないまま誰にも相談できず、特性をどう扱っていいかわからない方が本当に多いのです。勇気を出して相談しても「全然普通じゃん！」と言われてしまい、相談すらできない、なんてことはよくあります。

また、グレーゾーンの女性が非常に多いのも当事者会を開催して気づいたことです。かつて会を取材した新聞記者の方にこんな感想を言われたことがあります。「会話の様子だけ見ると本当に普通というか、むしろコミュニケーションがうまいとまで感じました」

このように一見普通に見えるグレーゾーンの方は、特性の出方が軽度なので「たいしたことない」と軽く見られることが多いのですが、実は一番理解されにくく、支援からも遠いのがこのグレーゾーンの方たちともいえます。特性が軽いから悩みも軽いということはまったくありません。

私自身、大人になってから自分の発達障害に気づきました。仕事は常にパンクしていて、家は足の踏み場がないくらい散らかっており、郵便受けは請求書やチラシでパンパン……本当に毎日ギリギリの生活をしていました。

しかし、でこ女を通して女性当事者と対話することで、ようやく私は活路を見いだせるようになりました。「自分だけじゃないんだ」という安心感と他の当事者がシェアしてくれる「ちょっとした」ライフハックを活用し、自分の生きづらさを解消することができたのです。この本にはそんな「ちょっとした」ライフハックをたくさん詰め込んでいます。当事者会にも行けない、相談できない、自分が発達障害かどうか確信もない、でも生きづらさを抱えている。そんな状況でも「ちょっとした」ことが生きづらさの壁を崩してくれることがあります。本書がそんなきっかけを提供できたら幸いです。

本書はできる限り生の女性当事者の声を反映させています。でこ女の皆さんにご協力いただいたアンケート結果、約３００件・７万字にも及ぶ回答のほか、発達ママ会を開催した際の意見集約、追加での個別インタビューも多数実施し、「生の声」を集めることに力を入れました。

発達障害と一口にいっても、実際はタイプによって症状・悩みはまったく異なります。そのため、なるべく幅広く網羅できるように努めました。生理や産後鬱など女性にフォーカスしたテーマはもちろん、性別関係なく読んでいただけるテーマも多数カバーしています。当事者、グレーゾーンの女性はもちろん、福祉・医療関係の方、身近に女性当事者がいる方、男性当事者、皆さんに読んでいただきたい1冊になっています。

※本書では発達障害当事者のことを親しみを込めて「発達民」と表記しています。

はじめに — 002
本書の特長 — 012
発達障害の種類 — 014

第1章 自分に合う仕事を見つけたい
──仕事が変われば人生が変わる

適職がわからない — 018
事例 私の凸って一体どこ？ — 018
原因 自分の特性を把握しきれていない — 018
解決法 業務を分割して自分の得意を見つける — 018
● ナビゲーションブックを活用する — 019
● 適職診断・性格診断を受けてみる — 019
● 単発や短期の仕事をやってみる — 021

会社選びが難しい — 022
事例 結局何が正解なんだろう？ — 022
原因 優先順位をつけるのが苦手 — 022
解決法 まずは自己分析をする — 023
● 会社選びを〝見える化〟する — 023

障害者雇用で働きたいけど悩んでいる — 026
事例 障害者雇用に興味はあるけど、よくわからない — 026
原因 どの程度の支援が必要かがわからない — 026
解決法 オープン就職とクローズ就職の特徴を理解する — 027
● 信頼できる相談相手を見つけよう — 028
● 配慮してほしいことをしっかり伝える — 028

つい無理をしてしまい、仕事が続かない — 030
事例 せっかく就職したのに…… — 030
原因 過剰適応してしまう — 030
解決法 頑張る方向を自己開示に向ける — 031
● 職場における上手なヘルプの出し方を見つける — 032

報連相がうまくできない ― 034
事例 しても怒られるし、しなくても怒られる ― 034
原因 求められるコミュニケーションのハードルが高い ― 034
解決法 報告・連絡・相談の違いを理解する ― 035
● 上司の反応を怖がらない ― 035

第2章 家事・生活の悩みを何とかしたい
―ちょっとの改善で大きなメリット

片付けられない ― 040
事例 きれいな部屋で生活したいのに…… ― 040
原因 視覚認知が弱い ― 040
解決法 タイプ別片付け方法で解決！ ― 041
● 視覚認知苦手タイプは間取り図を書いてみよう ― 041
● 集中力が続かない人は時間の使い方を工夫する ― 044
● モチベダウンタイプは自分のやる気のツボを探そう ― 044
● リバウンドしないためには、プロの力も借りてみる ― 046

洗濯が苦痛 ― 048
事例 気づけば1日中洗濯している気がする ― 048
原因 ワーキングメモリが低く、効率よくできない ― 048
解決法 メモやルーチン化でワーキングメモリを軽い状態に保つ ― 049
● 急がば回れの洗濯テク ― 050
● 洗濯を楽にしてくれるグッズ、サービスを使う ― 054

掃除ができない ― 056
事例 みんな、いつ掃除してるの？ ― 056
原因 やらない・できない・掃除嫌いの悪循環 ― 056
解決法 ずぼらのためのながら掃除とついで掃除 ― 058
● 汚れにくい仕組み作りを心がける ― 058

● たまった汚れを一気に落としてくれるアイテムを使う——060

料理ができない——062

事例 食べておいしいよりも料理の疲れが勝る——062

原因 料理中のマルチタスクが苦手——062

解決法 料理・自炊に対するハードルを下げる——063

● レシピサイトやアプリをうまく活用する——063

● マルチタスクは極力避ける——066

● 料理にかかる工程を減らそう——066

すぐ忘れる・よくものをなくす——068

事例 何でこんなに忘れっぽいんだろう——068

原因 記憶力のなさと整理力のなさのダブルパンチがピンチを招く——068

解決法 自分の忘却力に自信を持つ——069

● メモとリマインダーには工夫が必要——069

● 整理整頓は最小限に——070

● すぐ見つける対策が重要——072

● 自分にとっての正解を見つける——072

第3章 育児の悩みを何とかしたい——一人で抱え込まず周囲を頼ろう

子どもの発達特性との向き合い方がわからない——076

事例 私も子どもも発達特性かも……——076

原因 親子の特性がぶつかり合う——076

解決法 特性のぶつかり合いはパターン別に解消——077

● こだわり衝突パターンの解決策——077

● 特性連鎖パターンの解決策——078

● 苦手おそろいパターンの解決策——078

● 発達育児の悩み解決は早期療育がキー——078

● 子ども時代の自分が子育てのヒントに——080

育児が苦痛で毎日つらい――082
事例 私って母親失格なの?――082
原因 無自覚な完璧主義が精神的ストレスに――082
解決法 「自分が元気」が大原則――083
● 育児の基準を下げる――083
● 愛のある手抜きをする――085
● 一人になれる時間を持つ――085

育児はおろか、何もできなくなった――086
事例 もっと頑張らないといけないのに……――086
原因 ヘルプを出せない――086
解決法 まずは産後鬱、育児ノイローゼと自覚する――086
● ヘルプを出せる状態にしておく――088

ママ友との関係が苦痛――090
事例 ママ友同士の会話についていけない――090
原因 女性特有のコミュニケーションが苦手――090
解決法 自分の弱みを小出しにしていく――091
● アプリで気の合うママ友が探せる――091

第4章 疲れ体質を何とかしたい
――疲れは心と身体からのメッセージ

お風呂や歯磨きといったルーチンができない――094
事例 毎日ギリギリで生きてます――094
原因 発達障害の特性は疲れに直結しやすい――094
解決法 疲れのループを断ち切るための代替案を持っておく――096
● セルフネグレクトの場合は早めに気づいて――096
● セルフネグレクトに気づいたら?――098
● ヘルプを出す――098

睡眠の悩みを何とかしたい!――100

事例 寝ても寝ても眠い！ — 100
原因 体内時計が狂いやすい — 100
解決法 便利ガジェットで睡眠の質を改善 — 101
● 夜の寝付きをよくする工夫 — 102
● 睡眠に関する悩みは睡眠外来で — 103

突然体調不良になってしまう — 108
事例 昨日までは確かに元気だったのに…… — 108
原因 感覚鈍麻で疲れに気づきにくい — 108
解決法 スマートウォッチやウェアラブル端末で体調管理を — 108
● 週に1日は何もしない日を作る — 110
● 自分に合う疲労回復手段を見つける — 110
● 疲れは脳からきている！ — 112

におい、音、光とさまざまな刺激から疲れてしまう — 116
事例 日常生活は刺激だらけで疲れてしまう — 116
原因 ASDの特性の1つ、感覚過敏 — 116
解決法 自分の過敏に気づき、防御策を身につける — 117
● 便利グッズ活用で防御力アップ — 119

第5章 人間関係の苦手を何とかしたい ——まずは自分に目を向けて

人間関係に疲れてしまう — 124
事例 私ばっかり我慢している気がする — 124
原因 自己肯定感の低さから過剰適応に — 124
解決法 自己肯定感を上げる — 125
● 褒め日記をつける — 125
● 語尾を「できない」から「やらない」に変えてみる — 126
● 発散する方法を見つける — 127
● 徐々に過剰適応をやめる術を身につける — 127

他人に対してイライラしてしまう ―― 128
事例 イライラはよくないとわかっていても…… ―― 128
原因 白黒思考で捉えてしまう ―― 128
解決法 相手を許せるまで白黒思考を続ける ―― 129
● 衝動性の傾向を把握しよう ―― 130
● アフターフォローを大切に ―― 130

なぜか嫌われてしまう ―― 132
事例 頑張っているつもりなのになぜ？ ―― 132
原因 性格を誤解されてしまう ―― 132
解決法 誤解される前に自分を開示していく ―― 133
● 失言対策がキー ―― 134
● すべての人から嫌われないのは不可能 ―― 136

発達障害って周りにカミングアウトすべき？ ―― 138
事例 カミングアウトが怖い！ ―― 138
原因 伝え慣れていない ―― 138
解決法 伝えなくてもＯＫ！　でも吐き出せる場所は見つけておこう ―― 139
● 恋人の場合は結婚前には伝えたほうが無難 ―― 140
● カミングアウトはお互い準備をしてからが理想 ―― 141
● カミングアウト後も歩み寄りは大事 ―― 141

第6章 女性にありがちな悩みを何とかしたい ――不器用でもセンスがなくても大丈夫

ファッションが苦手 ―― 146
事例 これでいいの？　変じゃないかな？ ―― 146
原因 変化に対する適応が苦手 ―― 146
解決法 他人任せでスタイリング楽チン！ ―― 147
● 知っておくと便利！　パーソナルカラー ―― 148

靴がダサいのを何とかしたい！ ―― 152

事例 私の靴って実は変なの？ — 152
原因 捨てどきがわからない・気づかない — 152
解決法 スタメン靴を2～3足用意する — 153
● 歩きやすいパンプス・ヒールに出会うコツ — 155

ヘアスタイルをかわいく決めたい！ — 158
事例 髪は女の命というけれど…… — 158
原因 うまくできないうちにやる気が遠のいていく — 158
解決法 便利グッズで簡単おしゃれヘアに — 159
● ヘアアレンジは動画で覚える — 161

メイクが苦手 — 164
事例 メイクって難しいし、面倒！ — 164
原因 不器用×飽き症で続かない — 164
解決法 肌・眉・唇を意識して清潔感を出そう — 165
● 時短コスメで簡単メイク — 165
● 自分に合うカラーのコスメを選ぶ — 166

生理に関する悩みを何とかしたい！ — 170
事例 生理って何でこんなにしんどいの？ — 170
原因 ストレスを受けやすい
発達民はホルモンバランスが崩れやすい — 170
解決法 生理に伴う不調は専門家に相談 — 171
● 日頃のセルフケアも大事 — 172
● サニタリーグッズで生理中の不快感を解消 — 172

おわりに — 174

■ 会員特典データのご案内 ■

本書の読者特典として、本書掲載の「会社比較シート」「自己分析におけるナビゲーションブックの活用方法」をご提供いたします。

会員特典データは、以下のサイトからダウンロードして入手いただけます。

https://www.shoeisha.co.jp/book/present/9784798165950

●注意

※会員特典データのダウンロードには、SHOEISHA iD（翔泳社が運営する無料の会員制度）への会員登録が必要です。詳しくは、Webサイトをご覧ください。

※会員特典データに関する権利は著者および株式会社翔泳社が所有しています。許可なく配布したり、Webサイトに転載することはできません。

※会員特典データの提供は予告なく終了することがあります。あらかじめご了承ください。

Point 1
発達障害の方が日常生活で直面するさまざまな悩みの事例を紹介しています。

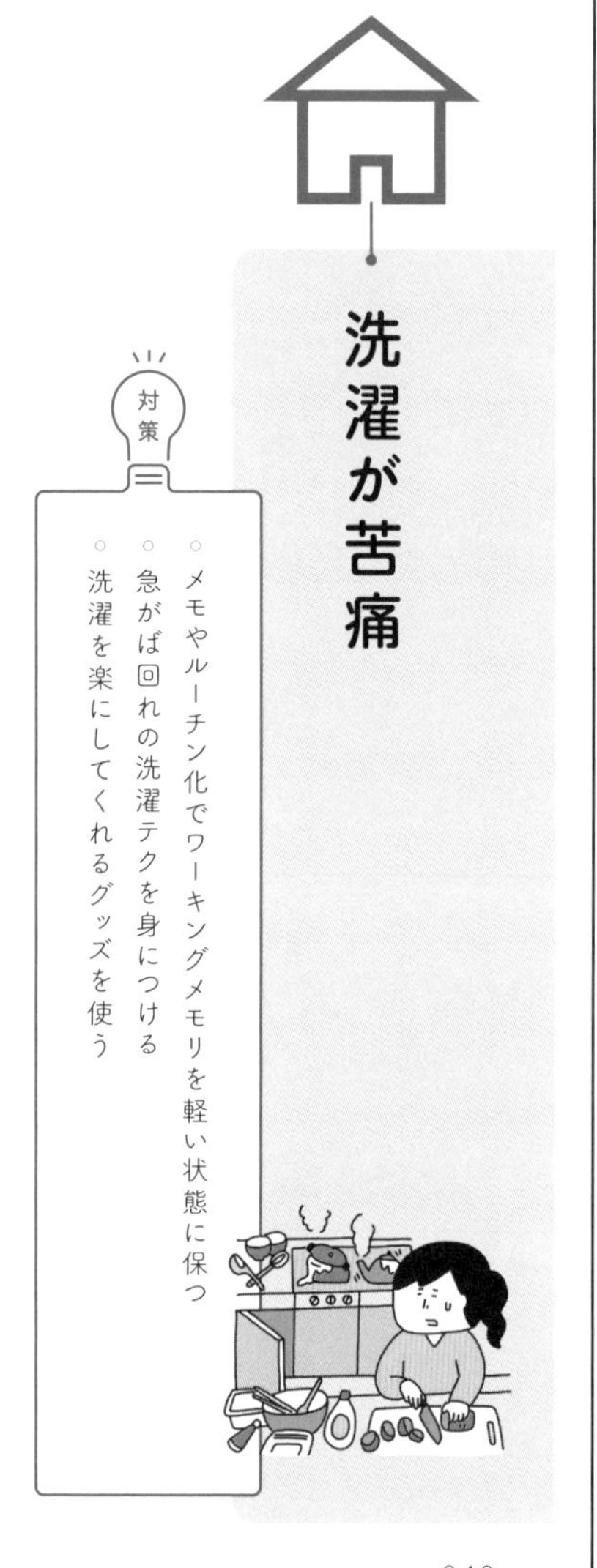

事例 **気づけば1日中洗濯している気がする**

朝一に洗濯機を回し、家族を見送ったら洗濯カゴは再び寝間着でいっぱいになっている。洗濯機を回している間に他の家事をやっていると、洗濯が終わったことに気づかず干し忘れることも。

やっと洗濯カゴが空になったと思えば、家族が脱ぎっぱなしにしてかごに入れ忘れた洗濯物が見つかり、ついイライラ。家族の洗濯物を畳むとそれだけで何時間もかかってしまい、アイロンや収納はついつい後回しになりがちだ。

ようやく洗濯が片付いたと思えば、帰宅した家族がバンバン洗濯物を出すので、夜が更ける前に洗濯機をもう一度回す羽目に。これだけ洗濯をしているのに、朝になれば「お母さん、体操服ないー!」「靴下どこ?!」と家族から問い合わせの嵐。「昨日のうちに準備して」といつも言っているのに朝になってバタバタする。感謝の言葉はなく、「何で洗ってないの?」というクレームだけで嫌になる。

原因 **ワーキングメモリが低く、効率よくできない**

洗濯は合間家事だ。洗濯機を回したらその間料理をしたり、洗濯物を干したら乾くまでに買い物に行ったり、掃除をしたり……と、マルチタスク的な要素が強い。

発達障害の特性の1つとして**ワーキングメモリの弱さ**がある。ワーキングメモリ(以下WM)とは日本語で作業記憶といい、何かをするために一時的に記憶を行う脳の

Point 2
どのような原因で事例の特性が出るかを、医学的にアプローチしています。

本書の特長

Point 3
医療的なアプローチではなく、当事者が普段の暮らしに対応するために編み出したやり方を解説しています。

メモ帳のような役割を担う。「洗濯・料理・買い物・掃除……」とやることをWMに記憶していても、「急な来客」などで一気にやることを忘れてしまった経験がある人も多いのではないだろうか。

特に洗濯はやることの種類が多いので、長時間にわたりWMに入れておく必要がある。そのため、ついついWMから抜け落ちてしまいがちだ。そのため、洗濯機を回したが、干すのを忘れても う1回洗濯機を回すはめになった、洗濯を取り込むのを忘れ、雨で洗濯がやり直しになった、などという悲劇が起きてしまう。

解決法 メモやルーチン化でワーキングメモリを軽い状態に保つ

頭の中でやることを整理するより、メモやスマホの**ToDoリストに書き出すこと**を心がけよう。家

ToDoリストの例

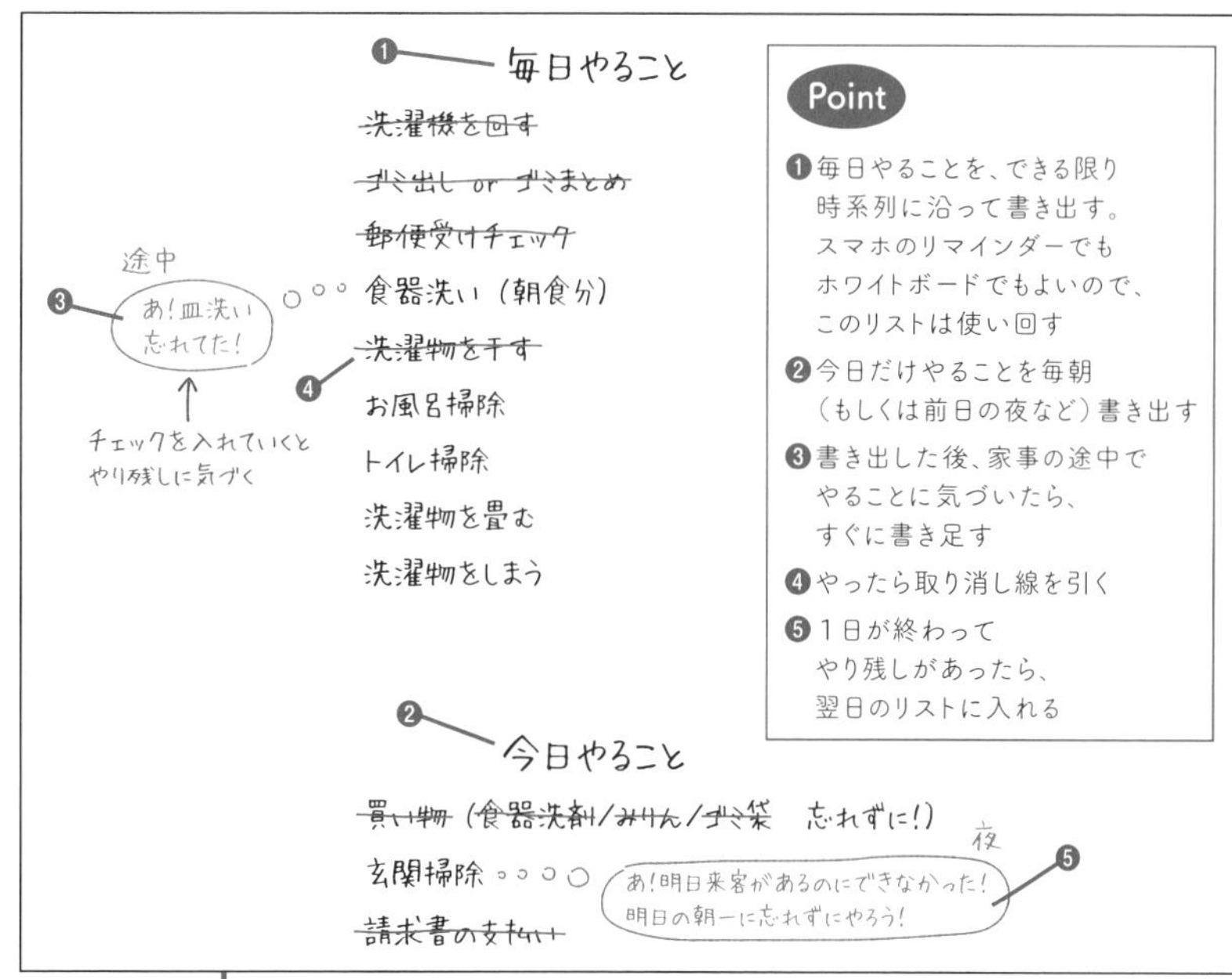

❶ 毎日やること
洗濯機を回す
ゴミ出し or ゴミまとめ
郵便受けチェック
食器洗い（朝食分）
洗濯物を干す
お風呂掃除
トイレ掃除
洗濯物を畳む
洗濯物をしまう
途中
❸ あ！皿洗い忘れてた！
チェックを入れていくとやり残しに気づく
❹
❷ 今日やること
買い物（食器洗剤／みりん／ゴミ袋 忘れずに！）
玄関掃除
請求書の支払い
夜
あ！明日来客があるのにできなかった！明日の朝一に忘れずにやろう！
❺
Point
❶毎日やることを、できる限り時系列に沿って書き出す。スマホのリマインダーでもホワイトボードでもよいので、このリストは使い回す
❷今日だけやることを毎朝（もしくは前日の夜など）書き出す
❸書き出した後、家事の途中でやることに気づいたら、すぐに書き足す
❹やったら取り消し線を引く
❺1日が終わってやり残しがあったら、翌日のリストに入れる

049

Point 4
発達障害の当事者である著者が自ら生み出した「手前」のつまずきをなくしていくためのヒントが満載です。

発達障害の種類

この本では、ADHD／ADD（注意欠陥・多動性障害）、ASD（自閉スペクトラム症）、LD（学習障害）という代表的な発達障害に絞って対策を紹介しています。

発達障害にあまり詳しくなくても、「ADHD」とか「アスペルガー症候群」といった言葉は聞いたことがあるかもしれません。最近、雑誌やテレビでも取り上げられることの多くなった言葉です。

発達障害にもいろいろな種類がありますが、「ADHD」や「アスペルガー症候群」はその発達障害の種類の1つです。

ADHDとASD、ASDとLDなど、複数の発達障害の特徴が当てはまることもあります。この場合、医師から複数の発達障害の診断が下りることもあります。

発達障害の診断は難しく、専門医がさまざまな検査を行って慎重に判断するものです。発達障害の傾向があるからといって障害があると決められるものではなく、自己判断はもちろん、専門家以外の人間が見ても判断できるものではありません。

発達障害自体、まだまだ研究が進められている段階で、ADHDやASDといった名称もこれから変化があるかもしれません。映画などで描かれることで知られることになった「アスペルガー症候群」についても、現在の診断ではASDの中に吸収されています。

それぞれの障害について、次ページで簡単に特徴を並べてみます。なお、これらの特徴は一般的なもので、実際には人それぞれで違いがあることを先にお断りしておきます。仮に全部の特徴に当てはまったとしてもその障害であるとは限りませんし、診断が出ている人でも当てはまらない特徴もあります。

ADHD/ADD
（注意欠陥・多動性障害）

特徴

不注意で気が散りやすく、何かを思いつくと衝動的に行動してしまいます。一方でやらなければならないことになかなか手をつけられない、先延ばし傾向も特徴の1つです。なお、ADDは多動性がない以外はADHDと同じ特徴です。

特性

- 報連相をする前に衝動的に仕事に取り掛かってしまう
- 書類に誤字脱字や、数字の間違いなどケアレスミスが多い
- 電話をしながらメモをとるなど、マルチタスクが苦手
- 衝動的に発言してしまい、うっかり失言してしまうことがある
- 家事や片付け、ゴミ出しなどを先延ばししてしまい、すぐに部屋が散らかってしまう
- 衝動買いや間違えて同じものを購入するなど、無駄遣いしがちで金銭管理が苦手
- 複数口のコンロを使って複数の料理を同時進行で作ることが苦手

ASD
（自閉スペクトラム症）

特徴

自閉症・高機能自閉症・アスペルガー症候群などを含めた障害の総称です。PDD（広汎性発達障害）と呼ばれていたものと、ほぼ同じ意味になります。

特性

- 相手に合わせて柔軟に仕事のやり方を変えるのが苦手
- 合理的ではない、自分が納得できないことは徹底的に議論するため、人間関係で衝突することが多い
- 相手がなぜ理解できないのかがわからないので、仕事を人に教えるのが苦手
- 報連相が少ない、もしくは過多になる
- ネガティブな印象を与える言葉をそれと知らず使ってしまう
- 自覚なく空気の読めない発言をしてしまい、周囲の空気を凍らせる

LD
（学習障害）

特徴

他の面では問題がないにもかかわらず、ある特定のことだけが極端に苦手になる障害です。何が苦手になるかは人によって異なります。読めなかったり書けなかったりする理由や程度はそれぞれ違いますが、「読めない」「書けない」というくくりで同じ障害として分類されています。

特性

- グラム当たりの価格差といった計算や比較が苦手
- 何度も同じ行を読んでしまうなど、マニュアルや書類を読んで理解するまでに時間がかかる
- 文章を図や表にするのが苦手、もしくは図や表になっているものを文章で説明するのが苦手
- 契約書など複雑な表現の文章だと意味を読み取れず、自分に不利な内容でも気づかない
- とっさに計算してお釣りのないように小銭を用意することが苦手
- 夕食の材料費にいくら必要かといった見積りが苦手

自分に合う仕事を見つけたい

仕事が変われば人生が変わる

凸凹（でこぼこ）と表現される発達民にとって、仕事の相性はかなり重要だ。相性が悪いと人の何倍努力しても結果が出ない、なんてことも。さらに1日のほとんどを占める仕事は人生の幸福度にも大きく影響する。

適職がわからない

対策

- 業務を分割して自分の得意を見つける
- ナビゲーションブックを活用する
- 適職診断・性格診断を受けてみる
- 単発や短期の仕事をやってみる

事例 私の凸って一体どこ？

何とか就職できたものの、ミスの連続で職場では怒られてばかり。やらなきゃいけない業務がたくさんあるのに、全然集中できない。他の人が簡単にこなす業務も、私がやると何倍も時間がかかる上にミスが出てしまう……。この仕事、向いてないいんだろうか。

発達障害は凸凹なんていわれ方をするけれど、私の凸の部分って一体どこなんだろう。

原因 自分の特性を把握しきれていない

凸凹の形は人それぞれだ。よくＡＤＨＤの人は事務作業が苦手で営業は得意などといわれるが、営業が苦手なＡＤＨＤの人もいるし、事務作業が得意なＡＤＨＤの人もいる。

ＡＳＤの人もコミュニケーションが苦手だから接客は避けたほうがよいといわれることが多いが、ＡＳＤの人全員が接客に向いていないわけではない。

このように発達障害の特性にはグラデーションがあり、**一人ひとりが違う特性を持っている**。

自分の特性を理解し、それが実際の業務でどう活かせるのか、反対に実際の業務のどこでつまずくのかを知ることが大切だ。

解決法 業務を分割して自分の得意を見つける

自分の得意なことが見つけられない人は、左上の図のように**自分**

の業務を分割して分析してみると得意なことを発見しやすい。

このように、できる限り分割してみることで、データを入力すること自体は苦手でも、「人に声をかけてデータを集めることは苦じゃないな」「数字のデータはミスをしやすいけれど、文字情報の場合はミスが少ない気がする」「データを見やすく整える作業は楽しいな」など、新たな気づきを得られることがある。

さらに細かく業務分析する場合は、21ページのように分割図を作ってみるとわかりやすい。業務がどのような手順で分解され、さらに各手順はどんな種類の作業が含まれているのか、そして最終的には具体的に何をやっているのかまで書き出してみよう。1つの仕事をやるのにも、かなり多種多様な細かい業務をこなしていることがわかる。分解することでどこでつまずいているのか、反対にどこが得意なのかが見えやすくなる。

業務を分割して得意なことを発見する

例：データの入力作業

- **データ収集**
- **集めたデータを整理する**
- **データを入力する（数字）**
- **データを入力する（文字）**
- **見た目を整える**

ナビゲーションブックを活用する

ナビゲーションブックとは障害や病気を持つ人向けの自分のトリセツ（取扱説明書）のようなもので、これを使うと自分の障害特性に特化した自己分析ができるようになる。ワークシート形式になっており、自分の特性や求めたい配慮事項を整理できるような質問が設定されている。

特性を理解すれば適職も見つかりやすいし、面接の自己PRにも役立つ。ナビゲーションブックはネットでさまざまな形式のものが無料で公開されているので、興味がある人は「ナビゲーションブック」で検索してみよう。お勧めは独立行政法人高齢・障害・求職者雇用支援機構が発行している「ナビゲーションブックの作り方」という資料だ。PDF資料としてネットで公開されている。

ナビゲーションブックは障害者雇用を前提とした内容のため、一般就職を目指す人には一部設問が合わない部分もあるが、自己分析としては非常に役立つので、発達民全員にお勧めだ。

適職診断・性格診断を受けてみる

診断テストを参考にする手もあ

代表的な診断テスト

エムグラム診断
https://mgram.me/ja/

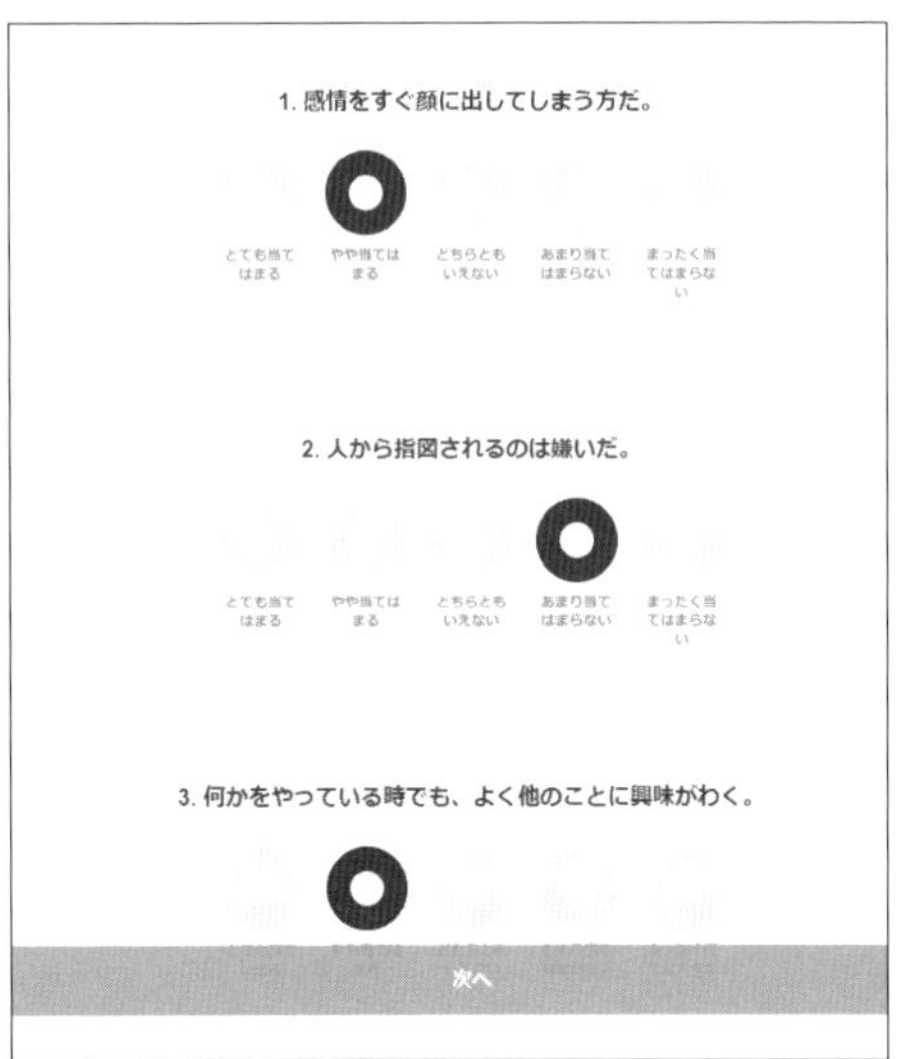

- 株式会社mgramによって作られた性格診断
- 105問の質問に回答すると、自分の性格の中で特徴的な8つの要素である「私を構成する8性格」を知ることができる
- 2017年4月に作られてから、これまでに世界各国で、800万人以上に利用されている
- 回答内容を分析した結果は、メールで送付される
- 診断結果は画像やスクリーンショットにも適した形式なので、SNSやメッセンジャーツールへの共有も簡単にできる

16Personalities性格診断
https://www.16personalities.com/ja

- 無料・登録なしで簡単に受けられる
- 12個の質問に答えることで性格診断ができる
- 自分はどのように職場で人と関わるのか、情報を処理しているのか、意思決定を下しているかなどの、性格タイプを知ることができる
- 38カ国語に翻訳されており、これまでに延べ2億7,000万回以上もの人が利用している

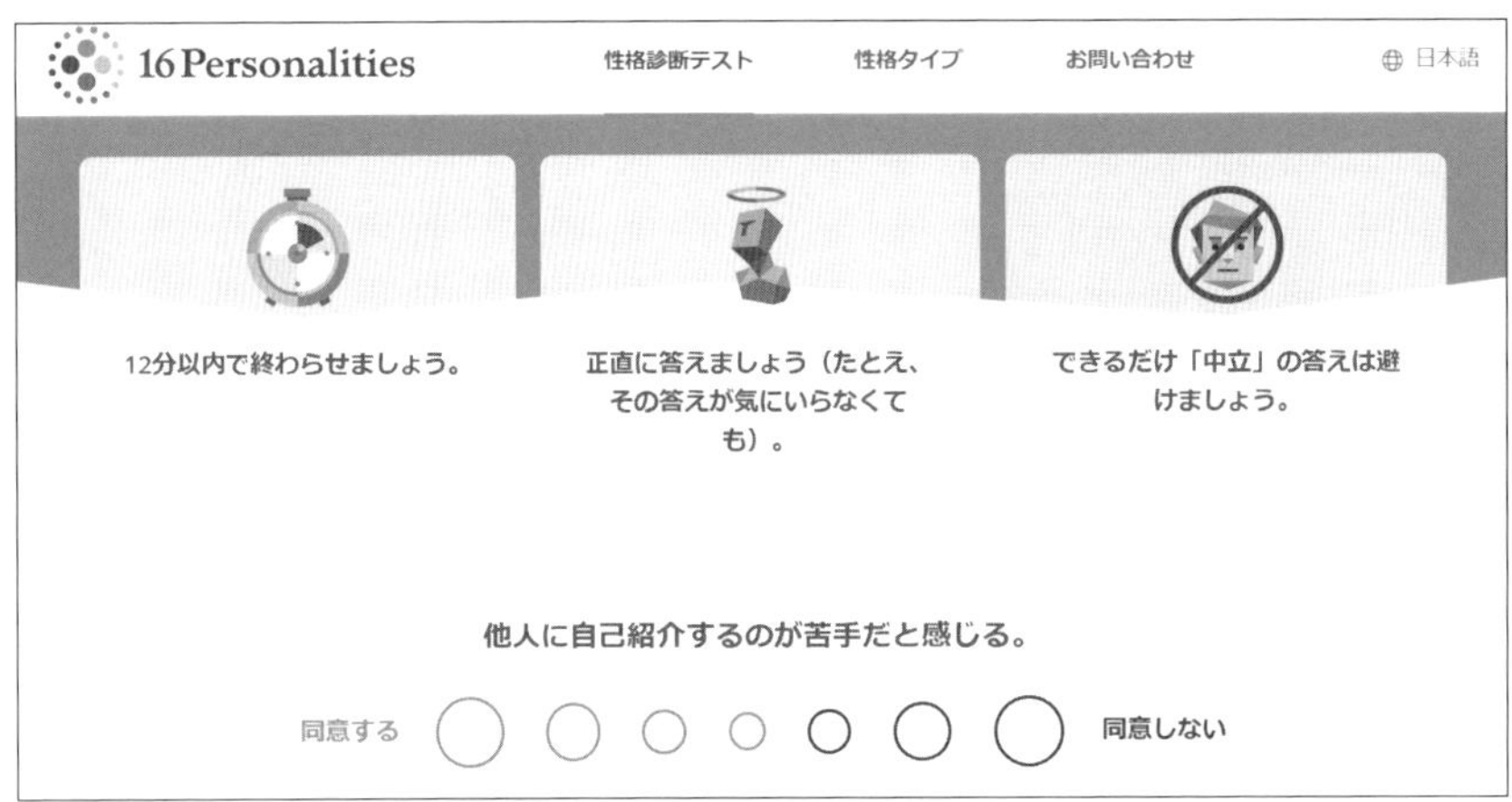

業務分割分析の考え方

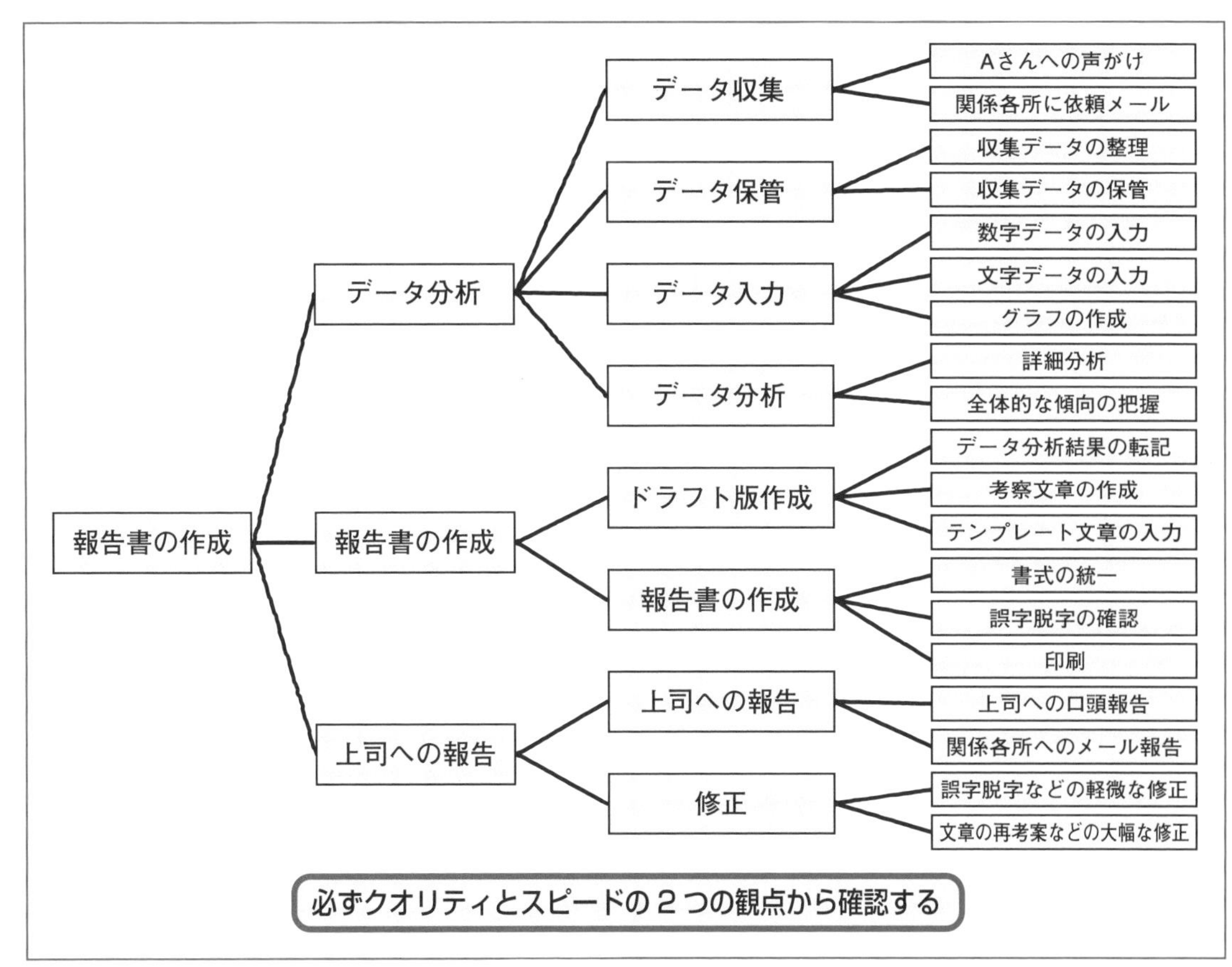

る。診断テストはさまざまなものがあるが、有名なのは『エムグラム診断』、『16パーソナリティーズ性格診断』などだ。いずれもネットで無料で診断できる。

ただし、診断結果はあくまで〝傾向〟を示すものなので、実務に即しているとは限らない。診断の結果にとらわれすぎず、あくまで視野を広げるために利用しよう。

単発や短期の仕事をやってみる

仕事の向き・不向きは、実際にやってみないとわからないところも大きいので、とにかく**いろいろな仕事を経験してみる**のも1つの手段だ。

単発のアルバイトや短期の派遣などで〝お試し〟することで自分の得意な業務や、自分に合う働き方を見つけられるかもしれない。

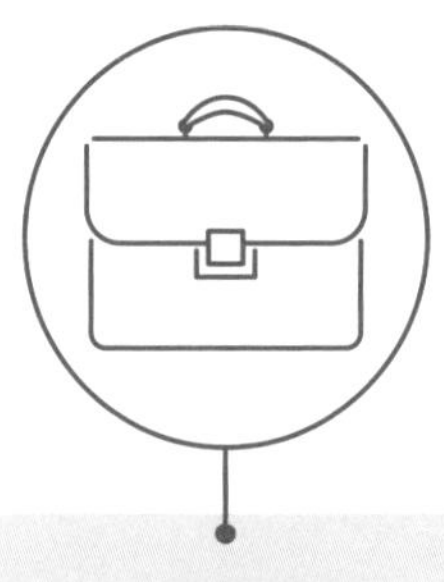

会社選びが難しい

- まずは自己分析
- 会社選びを〝見える化〟する

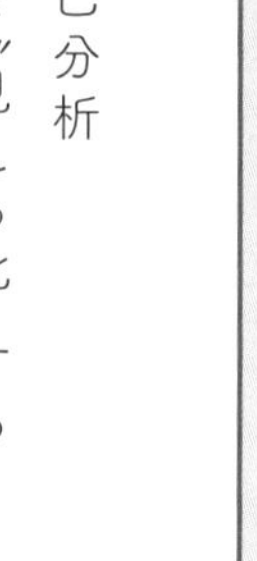

事例 結局何が正解なんだろう？

自分の特性を分析し、いざ会社選び。転職エージェントとも相談しながら興味がある会社を何社か受けてみる。面接が好感触で、3社の最終面接まで到達！

うれしいけれど、もし全部内定が出たらどの会社に入ればいいんだろう。やっぱり給料のいいA社？　それとも残業が少なそうなB社？　もしくは障害への配慮がしっかりしているC社？

原因 優先順位をつけるのが苦手

会社選びの正解は人それぞれだ。給料、福利厚生、勤務地、ワーク・ライフ・バランス、興味の有無、人間関係、適性など、条件がすべて満点の会社を探すことは難しい。

だからこそ、自分の価値観に従って優先順位をつけ、よりよい仕事・職場を選択する必要がある。

しかしながら発達障害の特性の1つでもある**優先順位をつけるのが苦手**なことから会社選びに迷う人も多い。

自分の特性に合った仕事に就いても、体力的に続けられずに辞めてしまうこともあれば、反対に自分の特性に合わない仕事に就いてもワーク・ライフ・バランスがとれていて、プライベートが充実しているから何の不満も抱くことなく仕事を続けている人もたくさんいる。

職選びの段階でできる限り見極めることが重要だ。

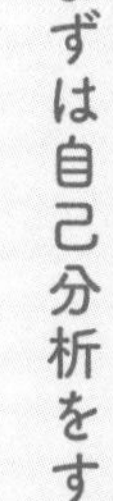

解決法　まずは自己分析をする

まずは前節で紹介したナビゲーションブックや業務分割分析などを駆使して**自己分析を十分に行おう**。自分の特性がわかっていないと、「自分に合う会社だ！」と思っても、実際に入社してみると「やっぱり違った」という事態に陥ってしまう。自分をよく分析した上で、次のステップとして会社選びに取り掛かろう。

会社選びを〝見える化〟する

会社を選ぶ際には視野を広く持つことが大事だ。あまり比較せず「最初に決まったから」「給料が高いから」という理由で飛びつくと、入社してから「やっぱり違った」という事態になりかねない。会社選びを頭の中で完結するの

代表的な転職口コミサイト

● openwork
https://www.vorkers.com/

社員や元社員一人ひとりの口コミから、待遇面など細かい評価を掲載

● キャリコネ
https://careerconnection.jp/

登録企業数は約62万件。仕事のやりがいやホワイト度で労働環境もわかる

● 転職会議
https://jobtalk.jp/

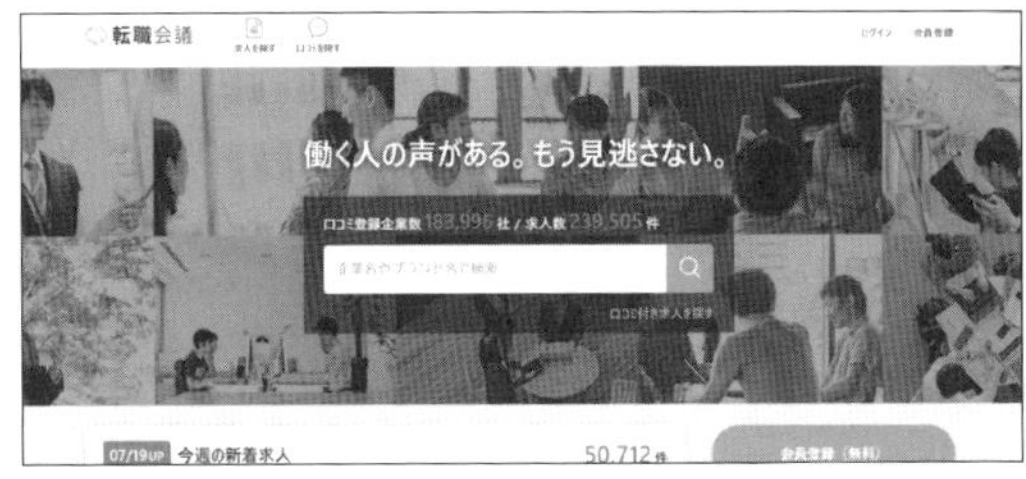

300万件以上の口コミ情報を掲載。判断基準も豊富

● Indeed
https://jp.indeed.com/companies?from=gnav-homepage

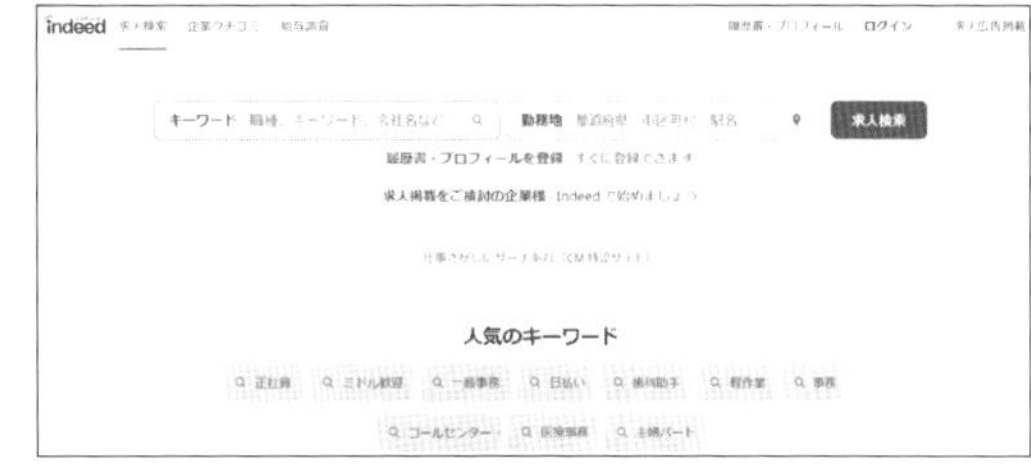

勤務地ごとの口コミも見ることができ、細かい情報を得ることが可能

ではなく、紙やエクセルシートに書いてみて**〝見える化〟して比較すること**が大切だ。

ここでは25ページの〝見える化〟「**会社比較シート**」を使って行ってみる。なお、このシートは読者特典としてエクセル版が、そちらは自動計算されるので、そちらを使うことをお勧めする。

「会社比較シート」の記入法は次の通りだ。

①労働条件の重要度を設定する

仕事を決める上で大事なことは何だろうか。給料、休み、人間関係、どれも大切だが、何に重きを置くかは人それぞれだ。

仕事は目的ではなく幸せに生きるための手段であることを思い出そう。単に労働条件だけを比較して、条件のよい会社に入っても、自分の価値観に合致しなければ幸福を感じられないだろう。

そのため、自分にとって大切な条件は何かを確認する必要がある。

「会社比較シート」のSTEP1のA欄には会社を選ぶ際の基準となる項目を入力し、その基準がどれくらい自分にとって大切なのか、その重要度をB欄に記入しよう。重要度は3段階評価で、「かなり重要」3点、「重要」2点、「あるとうれしい」1点という具合に評価を入力していく。

左ページの点数は一例であるので、自分に合うように書き換えたり、追加したりしよう。

②会社を比較する

C欄に比較したい会社の名前を入力し、各基準値に対して5点満点で点数をつけていこう。「とてもよい」5点、「よい」4点、「普通」3点、「あまりよくない」2点、「悪い」1点、「とても悪い」0点のように順番に入力していく。転職口コミサイトのように入力していこう。

まだわからない項目には印象で点数を入れておき、面接などを通して判明次第、数値を更新する。今の会社を辞めるか迷っている人は、自分の会社も比較対象に入れるとよい。

③点数で比較する

Bの重要度×Dの評価＝E列の最終重要度に書き込もう。そしてE列の合計値を一番下の合計欄に記入しよう。各社の点数が数値で出るので、どの会社が一番有望か判断しやすい。

なお、会社選びには自分の特性と仕事がマッチしているのかも重要な要素だ。これについては前節のナビゲーションブックを活用し、転職口コミサイトも参考にしながら受けたい会社を選定する。複数の内定が出たら、会社比較シートを使って本当に自分にマッチする会社を選ぶのに役立てよう。

会社比較シートの記入例

記入日： 2021 年 9 月 1 日

❶ ❷

あなたに合った職場選びに！ 職場比較シート

[A欄] 基準		[B欄]重要度	[C欄] 会社名／職場名							
			①社		②社		③社		④社	
項目	コメント		[D欄]評価	最終重要度[B×D]	[D欄]評価	最終重要度[B×D]	[D欄]評価	最終重要度[B×D]	[D欄]評価	最終重要度[B×D]
ワーク・ライフ・バランス	家事・育児・趣味などに費やすプライベートの時間をどれくらい確保できるか	3	5	15	2	6	4	12	5	15
雇用の安定	急な解雇や収入が不安定にならないか	2	2	4	5	10	3	6	5	10
通勤時間・通勤手段	通勤時間が短い、乗り換えが少ない、電車や道路が混雑していないか	1	4	4	1	1	5	5	2	2
自由	仕事のペース、進め方、休憩のタイミング、服装など自由が認められているか	3	2	6	5	15	3	9	1	3
達成	仕事を通して達成感が得られるか	3	2	6	5	15	2	6	2	6
公平性	業務の評価軸が公平であるか	3	3	9	4	12	4	12	1	3
業務の多様性	飽きがないように多様な業務が与えられるか	2	1	2	5	10	3	6	1	2
適性	自分の適性に合いそうな業務か	2	2	4	5	10	3	6	2	4
人間関係	職場に信頼できる人がいるか、社員の雰囲気がぎすぎすしてないか	2	5	10	3	6	5	10	5	10
貢献	他人・社会への貢献を感じられるか	1	5	5	2	2	4	4	4	4
配慮	自分の特性への配慮をどれくらい得られるか	2	3	6	1	2	5	10	5	10

❸

	①社	②社	③社	④社
最終重要度の合計	71	89	86	69

❶ **労働条件の重要度を設定する**

❷ **会社を比較する**

❸ **点数で比較する**

出典：『科学的な適職』鈴木祐 著（クロスメディア・パブリッシング）を参考に著者が作成

障害者雇用で働きたいけど悩んでいる

対策

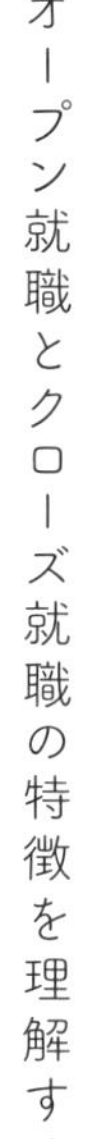

- オープン就職とクローズ就職の特徴を理解する
- 信頼できる相談相手を見つける
- 配慮してほしいことをしっかり伝える

事例　障害者雇用に興味はあるけど、よくわからない

いろいろな職種を経験したが、どれをやってもうまくいかない。仕事ができないので職場の人からもうとまれてしまい、つらい。他の人と同じように働ける自信がない。

配慮してもらえるのであれば障害者雇用で働きたいが、障害者雇用の実態がよくわからない。

発達障害のように「目に見えない障害」って、どれくらい理解してもらえるのだろうか。障害者雇用だと給料はどれくらいもらえるのか。配慮はどれくらいしてもらえるのか。不安が多くて悩んでいる。

原因　どの程度の支援が必要かがわからない

大人になってから発達障害と診断された人の中には、それまで支援や福祉とは無縁で生きてきた人も多い。

発達障害を持つ人への支援制度は官民さまざまあり、**自分がどの程度の支援が必要なのかわからず、二の足を踏む人も多い**。

発達障害の特性は個人差も大きく、また環境によっても生きづらさが大きく左右される。自分に合う支援を見つけられずに困っているケースも多い。

オープン就職とクローズ就職の特徴を理解する

障害があることを会社に伝えて就職することをオープン就職、障害があることを伝えずに就職することをクローズ就職という。

発達障害のような見た目にはわからない障害の場合、**障害をオープンにして就職するのか、クローズにして他の人と同じように働くのか、就職の段階で選択する必要がある。**

障害者手帳を持っているからといって必ずしも障害者雇用で働かないといけないわけではないが、クローズで就職した場合は他の一般雇用の人とまったく同じ雇用形態となるため、「障害があるから配慮してほしい」が基本的に通用しない。

それに対し、オープンで就職し

オープン就職、クローズ就職のメリット・デメリット

	オープン就職	クローズ就職
メリット	• 障害者求人へ応募できる •「障害のことを知られたらどうしよう」という不安を持たずに済む • 苦手・できないことを理解してもらいやすい • 就職前は就業準備支援、就職後はジョブコーチ支援など就業支援制度を利用できる • 面接時、支援者に同行を頼める	• 一般雇用なので求人も多く、就職先を見つけやすい • 少なくとも面接は受けられる • 仕事内容が限られない •（オープン就職に比べれば）給料は普通～高め
デメリット	•（クローズ就職と比べると）求人が少なくなる • 職場で「障害者」として見られることになる • 仕事内容が限られてしまう場合がある（事務業務、単純作業、清掃など） • 給料が低かったり、パートしかない求人もある	•「障害が職場にバレるのでは」という不安を抱えてしまい、ストレスとなる • 疲れたときでも「休ませてほしい」と言いづらい • 自分にとって難しい仕事を断りづらい • 職場での悩みや困りごとを自分で解決しないといけない（支援者に職場内での支援を求めることが難しい）

た場合、配慮は求めやすいが、その分給料が低かったり、正社員雇用にならなかったりすることが多い。

信頼できる相談相手を見つけよう

はじめて障害者雇用に挑戦しようと考えている人は、一人きりで活動するよりも、障害者雇用を展開している転職エージェントやハローワークの担当者など、**その分野に詳しい人に相談しながら進めていく**とよい。

障害者雇用の相談に乗ってくれるのはもちろん、障害年金や退職後の雇用保険など多岐にわたってアドバイスをもらえるので、とても心強い。

いざ活動となれば書類の書き方や面接のアドバイスなど、一人では対策しにくいところまでサポートしてくれる。

大切なのは、**信頼できるアドバイザーを見つけること**だ。

自分の特性や悩みを包み隠さず伝えることができて、親身になってキャリアの相談に乗ってくれる人を見つけよう。

就職系のサービスは官民問わず無料であることが多いので、気兼ねなく利用するとよい。

配慮してほしいことをしっかり伝える

障害者雇用の一番の特徴は、**自分の障害特性に配慮してもらえる点だ。そのためには、自分が苦手とする業務や働き方について、面接の段階で会社側にしっかりと伝えよう。**

「視覚過敏でサングラスをかけたまま業務を行いたい」「メモをとるのが苦手だが、マニュアルが用意されている業務であれば問題なくこなせる」など、自分のできること・できないことを明確にしておく必要がある。

そのためにも、自分自身の特徴をまとめた「ナビゲーションブック」を作ってみて、一度整理するようにしよう。

Column

就労移行支援事業所

就労移行支援事業所とは、一般企業（障害者雇用含む）への就職を希望する障害者をサポートしてくれる通所タイプの福祉サービスである。職業訓練、就活サポート、就職後の定着支援まで総合的にサポートしてくれる。

離職中であること、18〜満65歳未満であることなど条件はあるが、障害者手帳がなくても通えるケースもある。利用料金（自己負担額）は人によって異なるため、興味がある人は直接事業所に問い合わせてみよう。

職業訓練の内容や雰囲気に差があるため、可能であれば複数の事業所を見学してから選ぶとよい。プログラミング特化型、コミュニケーション特化型、発達障害者専用など、独自路線の事業所もある。

公的な支援機関・民間の支援機関、利用できる制度

公共職業安定所（ハローワーク）の専門援助部門（障害者窓口）

〈やってくれること〉 **障害者職業センターと連携しているので安心**

- 仕事の相談・紹介……その会社が発達障害者を雇ったことがあるかなどを聞ける
- 応募書類の書き方のアドバイス……障害者求人の場合、記載事項が異なってくる
- 面接のアドバイス（練習）……なぜ障害者雇用にするのかなどを聞かれる
- 面接への同行……職員が面接に同行してくれる
- 就職後のフォローアップ（定着支援）……職場になじめるよう相談・アドバイスなどをしてくれる

障害者職業・生活支援センター

就職を希望している人・在職中の人が抱える課題に応じて、仕事面・生活面の一体的な支援を行っている

〈仕事面での支援〉

- 就職に向けた準備支援……ミスを減らす訓練、「報連相」の練習など
- 就職活動の支援……面接同行や模擬面接など
- 職場定着に向けた支援……専門のカウンセラーがアドバイスしてくれる
- 職場との交渉支援……特性を踏まえた雇用管理について職場との間に入って交渉してくれる

〈生活面での支援〉

- 生活習慣の形成、健康管理、金銭管理などの日常生活に関する支援
- 住居、年金、余暇活動など地域生活、生活設計に関する支援

民間の障害者雇用支援サービス

- **エンカレッジ**（発達障害に特化した就職支援サービス）
  https://en-c.jp/
- **クローバーナビ**（障害者のための就職情報サイト）
  https://www.clover-navi.com/
- **atGP(アットジーピー)**（障害者向けの転職・就職支援サービス。一般の転職サービスと同じようにキャリアアドバイザーによるサポートが受けられる）
  https://www.atgp.jp/

つい無理をしてしまい、仕事が続かない

○頑張る方向を自己開示に向ける
○職場における上手なヘルプの出し方を見つける

事例 せっかく就職したのに……

ようやく見つけた就職先。心機一転頑張ろうと決意した甲斐があって評価は上々だ。

仕事も結構任せてもらえるようになったし、周りの人からも頼ってもらえるようになった。仕事も自分の特性と合っているし、人間関係もいい感じ。

けれども、最近はすごくしんどい。毎日アクセル全開で仕事をしないと終わらないし、正直手一杯だけど、人から仕事を頼まれるとつい引き受けてしまう。

期待を裏切りたくないから頑張るけれど、さらに仕事が増えてもう限界かもしれない。

いい仕事に就いても結局辞めちゃうって、私って辞め癖があるんだろうか。

原因 過剰適応してしまう

「**過剰適応**」とは、無理をして周囲に合わせてしまうことだ。自分の感情を押し殺して相手の意見に合わせたり、過度に空気を読んで他人を優先したり、自分の負担をかえりみず業務を大量に引き受けてしまうなど、周囲の期待に応えようとするあまりに、ストレスがかかり、結果として心身の不調につながってしまう。

過剰適応は、新しい職場で「頑張ろう」とモチベーションが上がっているときや、自分の得意な仕事をしているときに、ついつい引き受けてしまうワーカーズハイのときに起こりやすい。

何回も仕事を辞めている人の中には、過剰適応が原因という場合もあり、辞め癖があるのではなく、頑張りすぎた結果なので、自分を責めないでほしい。

解決法 頑張る方向を自己開示に向ける

過剰適応した状態でキャラクターを確立してしまうと、後になって自己開示したときによくも悪くも相手の期待を裏切ることになってしまう。

自分にとってはごく当たり前のことでも、「あなたって意外と○○なのね」と相手からすれば衝撃的な事実になってしまう。

こんなことが起こらないためにも、**早めの段階で自己開示をしていき、自分のキャラクターをわかってもらうこと**が過剰適応を避けるコツだ。

過剰適応している人は、「仕事」と「人間関係」に全神経を集中していることが多い。何とかして仕事を覚えよう、人の名前を覚えよう、ちゃんと笑顔で対応しようといった具合に、常に外部に意識を向けている。

その意識を内方向、すなわち「自己開示」に向けてみよう。自己紹介や会話でのちょっとした隙に自己開示していくのだ。

「ちょっと忘れっぽいところがあるので、うっかりしてたら遠慮なくツッコんでください」と一言添えるだけでも印象は変わる。

仕事のやり取りだけだと人柄が伝わりにくいので、感想を添えてみるのも有効だ。

「これって結構難しいですね」「この手順、忘れそうです。どうやって対策していますか？」といった具合に「はい」「わかりました」以外の言葉でコミュニケーションを図っていこう。

このように自己開示に意識を向けることで、仕事や人間関係ばかりに集中しすぎないというメリットもある。新しい環境だとどうしても無理してまで頑張ってしまうので、頑張らないのは難しいが、

過剰適応にならないために

- 自己紹介や会話でのちょっとした隙に自己開示する
- 感想を添えてみる
- 仕事や人間関係ばかりに集中しすぎない
- ときには人に助けを求める

業務改善チェックリスト

□ **そもそも必要な業務なのか？**

（例）過去からの慣習でプリントアウトして紙で保存しているが、電子データでしっかり保存しているので、紙の保存はなくせないだろうか。現状、紙ファイルから閲覧する人は誰もいない。

□ **頻度を減らすことはできないか？**

（例）このデータは毎日更新しているが、毎日確認する事項でもないので、週に1回の更新に減らせないだろうか。

□ **部分的に依頼できることはないか？**

（例）最終の配布については各自でとりに来てもらうことはできないだろうか。

□ **もっと楽な代替手段はないか？**

（例）印刷して回覧しているが、メールでの配信でいいのではないか。

□ **減らせる手順はないか？**

（例）何回も確認作業が入るが、この部分の確認は不要ではないか。

□ **マニュアルを作って各自で対応してもらえないか？**

（例）これまでは取りまとめてシステムに入力していたが、各自で直接システムに入力してもらえないだろうか。

□ **IT技術で解決できないか？**

（例）「メールアドレス　リスト化　Excel」など、困っている部分を検索し、ITによる解決策がないか探す。

違う方向に意識を向けることで「実力以上に仕事をやりすぎてしまう」という過剰適応の悩みを緩和してくれる。

職場における上手なヘルプの出し方を見つける

過剰適応してしまう人に共通しているのが、助けを求められない点だ。

「他の人に仕事を押し付けるみたいで申し訳ない」「これくらいみんな自分でやっているから私も自分でやらないと」「私以外に頼める人がいない」など理由はさまざまだが、心当たりのある人は要注意だ。

解決策を「もっと頑張る」という自力頼りになりがちで、ついつい一人で抱え込み、パンクしてしまう可能性がある。

過剰適応する人は優秀で、なまじ頑張ればできてしまうだけに要注意だ。

　頑張っても定時内で終わらない、ちょっとした休憩もとれないほど忙しい、毎日緊迫していて心が休まらないなど、過剰適応を感じたら**まずは周囲の人に相談しよう**。上司、同僚はもちろん、IT技術に詳しい人に効率化できるような技術がないか聞くのも有効だ。

　障害者雇用の定着支援を受けている人はジョブコーチに相談することもできる。

　よほど困っている場合は、「できないから何とかしてほしい」というSOSでもいいが、できれば代替案を用意した上で周囲に相談すると心証もよくなる。

　このとき、著しく相手方の負担が増える、もしくはかなりの不便が生じるような代替案にならないように気をつけよう。

　右ページに「業務改善チェックリスト」を紹介しているので、今の仕事を効率化できないか、代替案はないのかを探す際に参考にしてほしい。

　また、どこでつまずいているのかを説明できたほうが、相談される側も回答しやすい。

　単に業務量が多くてパンクしているのか、苦手業務で手間取っているのか、特定の期間だけ業務がパンクしているのかなど、自分が「いつ」「どこで」つまずいているのかを確認しよう。

　自分の業務の全貌を知ることで代替案を思いついたり、自分のつまずきに気づけたりするので、21ページの図のように業務を分割して分析してみてほしい。

　業務を減らすことに罪悪感を抱くかもしれないが、こういった工夫は「働き方改革」にもつながる。合理的で効率的な手段があるのであれば、積極的に提言していこう。ただし、考える余裕もなくもうギリギリという人は即上司やジョブコーチに相談しよう。

上手なヘルプの出し方

●まずは周囲の人に相談する
上司、同僚、業務を効率化できそうなIT技術に詳しい人に話をしよう

●ジョブコーチに相談する
障害者雇用の定着支援を受けている人はジョブコーチにも相談しよう

●代替案を用意して相談する
相手の負担が増えたり、不便が生じたりするような代替案にならないように注意しよう

●「いつ」「どこで」つまずいているのか意識する
相談される側のことを考えて、具体的に困っている内容を整理しよう

報連相がうまくできない

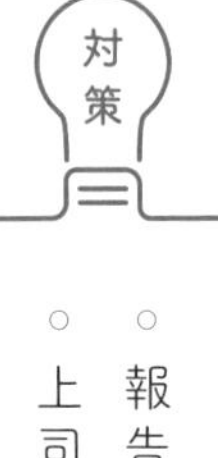

- 報告・連絡・相談の違いを理解する
- 上司の反応を怖がらない

事例　しても怒られるし、しなくても怒られる

上司に「報連相をしろ」って注意されるけれど、どのタイミングで何を言ったらいいんだろう。前の部署ではこまめに仕事の報告をしたらしつこいと怒られたから、今の部署ではまとめて報告するようにしたのに、「何でももっと早く相談しないんだ」と怒られた。

それに、細かく報告をすると「短くまとめて」と言われるし、結論に絞って話すと「情報不足でわからない」と怒られる。人によって言うことが全然違うし基準も曖昧だから、どうしたらいいかわからない！　報連相なんて大嫌い！

原因　求められるコミュニケーションのハードルが高い

報告、連絡、相談。ビジネスで大切な「報連相」は、「必要な場面と内容を選んで、適切な相手にふさわしい場面で過不足なく伝える」技術であり、発達民が苦手なスキルが数多く複合的に必要だ。

ASDは、曖昧な表現の理解が苦手なため**報告が過剰または不足になりやすい**。また、他人の立場や行動を想像することが不得手なので、**誰にどの情報が必要かを考えることが苦手**なことが多い。

ADHDは、衝動性によって不要なタイミングで報告をしたり、内容がこんがらがってうまく話せない、というケースがある。

「発達障害と報連相の相性は悪い」と、自分のせいにせず、テクニックを駆使して乗り切ろう。

解決法 報告・連絡・相談の違いを理解する

報連相とひとくくりにされているが、それぞれで求められていることはまったく異なる。それぞれをまとめられると全貌がわかりにくく、「報連相がなってない！」と怒られても何がダメなのかもわからない。

報連相それぞれを、5W1H（誰に・何を・いつ・なぜ・どこで・どのように）に従って解説する。次ページからの表を参考にしてほしい。

まずは表を見ながら、**自分の仕事の中で報告・連絡・相談が発生しそうなポイントを探してみよう**。あらかじめ、誰に何を言ったらいいかを考えておくことで、ハプニングにも対応しやすくなる。

特に大切なのが報告だ。毎日報告をしておくことで、連絡と相談が必要な際に、それが経緯説明になるため、話が進みやすい。

また、上司に自分の状況を知らせることで、いざというときにヘルプを出しやすくなる。伝え方については、メールは記録、口頭は即時性の違いがある。残しておきたい情報はメールで送ろう。

完了報告など、すぐ相手に伝えたほうがよく、かつ単純な情報は口頭がベター。また、口頭で話す際も、あらかじめ話す内容をメモに書き出すとよい。

頭の中の多動が強いと話したい内容がどんどん増えてしまうので、**台本に沿って話すことで自然に情報をまとめることができる。**

上司の反応を怖がらない

先延ばし癖があると、苦手な業務をずるずると後ろ倒しにしてしまうため、報連相のタイミングを逃しやすい。そのため上司に叱られて、さらに苦手意識が強くなり、また先送りしてしまう……という悪循環のループに入ってしまうことがある。

ミスやトラブルの報告は嫌なものだが、怖がらず思い切って言ってしまおう。**報告が早ければ早いほど、怒られる可能性は低くなる。**

報連相は、「自分はこれだけ仕事をしていますよ」という上司へのアピールでもある。仕事を自分で抱え込んだり、人と話すことが苦手な人ほど、自分の業務量を少なく見積もられてしまう。**自分のキャパシティを管理するためにも、報連相は大切な業務**だ。「これは報連相すべきか？」と迷ったら取りあえずやっておこう。「そんな報告はいらない」と言われたら次からやらなければよいだけだ。

経験値を積むことで報連相は上達する。やりすぎて怒られるのと、やらなさすぎて怒られるのでは伸びしろが全然違う。

報告・連絡・相談のポイント

報告

誰に（報告先）	• 上司、自分に業務を依頼した人
何を（伝える内容）	• 仕事の進捗状況、または仕事の完了の報告
いつ（伝えるタイミング）	• 毎日終業前に進捗を報告。または、仕事が完了したとき • 相手が忙しくなさそうなときに伝える
なぜ（伝える目的）	• 自分の作業がどこまで終わったかを共有するため
どこで（伝える方法）	• 進捗報告はメールでOK • 完了報告は口頭で
どのように（伝え方と目安）	• メールは3行以内、口頭は1分以内で簡潔に
例文	• お疲れ様です。今、お時間よろしいでしょうか。 • 頼まれていた○○がここまで終わりました。 • 何かあったらお知らせください。

ポイント

- 口頭の場合、冒頭で今話してよいかを確認する
- 最後にクッション言葉があると話を締めやすくなる

連絡

誰に （報告先）	• 上司、自分に業務を依頼した人、その業務の関係者
何を （伝える内容）	• 業務の中で発生した追加情報や変更を周知する
いつ （伝えるタイミング）	• 業務に関する情報の追加や変更が発生したとき • 相手が忙しくなさそうなときに
なぜ （伝える目的）	• 自分の業務と関連する業務を担当している人に、影響がある可能性を知らせるため
どこで （伝える方法）	• 関係者にはメールで • 上司と依頼した人にはメールに加え、口頭で
どのように （伝え方と目安）	• メールは5行以内、口頭は3分以内で必要な情報を簡潔に
例文	• お疲れ様です。今、お時間よろしいでしょうか。 • ○○（業務）について、担当の△山さんが□川さんへ変更になりました。 • よろしくお願いいたします。

ポイント

- 曖昧な表現は使わず、事実を書く
- 「担当が変更になるようです」のような言い方は避ける

相談

誰に （報告先）	• 上司、自分に業務を依頼した人
何を （伝える内容）	• 指示を仰ぐために、ミス・トラブルや判断に迷う点を報告
いつ （伝えるタイミング）	• 不明点やミスを見つけたか、トラブルが発生したとき • できる限り早く行うほうがよいので、相手が忙しそうであっても「今、お時間よろしいでしょうか。相談したいことがあって／ミスを発見して」と声をかける
なぜ （伝える目的）	• 自己判断で進めてミスが発生するのを防ぐため
どこで （伝える方法）	• メールで経緯と相談したいポイントをまとめて送ったのち、口頭で
どのように （伝え方と目安）	• メールは10行以内、口頭は相談時間も含めて15分以内でしっかりと
例文	• お疲れ様です。今、お時間よろしいでしょうか。 • ○○について、トラブルが発生しているので相談させてください。 • 今、□□というトラブルが発生していて、△△という対応をしたいと思っています。 • □□が起きた経緯としては、（なぜそのトラブルが発生したかを説明）です。 • △△を行いたい理由につきましては、（自分の意見や推測を述べる）です。

ポイント

- 一番先に結論から話す
- 自分の意見や推測は事実と分けて伝える

第2章

家事・生活の悩みを何とかしたい

ちょっとの改善で大きなメリット

日常生活にも発達民の苦手はたくさん潜んでいる。その分うまくこなせるようになった場合のメリットは大きい。たとえば毎日やる家事で1分の時短に成功すれば、1年では365分にもなる。苦手な分、伸びしろも大きい。

片付けられない

- 間取り図を書いてみる
- 時間の使い方を工夫する
- 自分のやる気のツボを探す
- プロの力も借りてみる

事例 きれいな部屋で生活したいのに……

郵便物やチラシでパンパンの郵便受けを久しぶりに開けたら、「火災報知器点検のお知らせ」が入っていた。日にちは、なんと明日。いやいや、それは困る。とても人を入れられる部屋ではない。急いで片付けなければ……。玄関は靴やネットショッピングの段ボールだらけ。未開封のものもある。机の上も床の上も、部屋の中はモノだらけ。一体どこから手をつけようか。靴は無理矢理棚にしまって、段ボールはつぶして……。床と机の上は時間がないし、いったん全部この段ボールに隠しておこう。よし、きれいになった。

これを機に部屋はいつでもきれいにしておこうと思ったはずなのに、1週間も経たないうちに前よりも散らかった部屋になっていた。

原因 視覚認知が弱い

発達障害の特性の1つに**視覚認知の弱さ**が挙げられる。同じ行を何度も読んだり、行を飛ばして読んだりしてしまう、図形の理解や板書を写すのが苦手……といった視覚情報からの認知・記憶・処理が苦手な人はこの可能性がある。

視覚認知が弱いと、部屋が散らかっていても気にならないことが多い。玄関が出しっぱなしの靴であふれていても気にならない、タンスの引き出しが開いていても気にならない、床のゴミも気にならない、といった事態になる。

さらに、この視覚認知は**空間認識能力**にもつながっており、いざ片付けを始めようと一念発起しても、どこに何を収納していいかわからず、結局適当に詰め込むだけで、使うときにまた散らかしてしまう、という悪循環に陥りがちだ。

人によっては、いざ片付けを始めても、いつの間にか雑誌に夢中になっていたり、テレビやスマホを見てしまって手が止まっていたりするなど、集中力が続かずに片付けが進まないこともある。ADHDは**注意力が散漫になりがち**なので、片付けをしていたはずがいつの間にかまったく違うことをしていたといったことも起こりうる。

部屋が散らかっている自覚はあるものの、やる気が起きない人は**モチベーション不足**かもしれない。「片付けなきゃな」と口には出しても、心の奥底では「でもまあ今じゃなくてもいっか」という自分もいて、なかなか実行に移せない。

解決法　タイプ別片付け方法で解決！

解決法は、原因に挙げたタイプ別で異なってくる。タイプごとの解決法を見ていこう。

視覚認知苦手タイプは間取り図を書いてみよう

視覚認知が弱い人は、**間取り図を書く**と問題点と解決策が見えてくる。やり方は次の通りだ。

ステップ1　ノートに部屋の間取り図＋家具の位置を書く

実際にノートに書くことで、「ここにスペースがあるな」「ここにモノが集中しているな」という家の全体像をイメージしやすくなる。イメージをつかむために行うので、下手でもフリーハンドでもOKだ。

ステップ2　散らかっているところを書き込み、分析する

次はどこが散らかっているのか書き込んでみよう。そして、なぜ散らかっているのかを分析してみよう。

このとき、自分がどういう導線で生活しているかを考えるとわかりやすい。「収納が遠いから放置しちゃうのかな」「玄関にラックがあれば、コートがその辺に放置されないかな」という感じに、書いていくうちに気づきがあるはずだ。

視覚認知苦手タイプは散らかっていることに気づきにくいが、こうして書き出すことで気づきやすくなる。

ステップ3　家具の配置を考え直す

ステップ2で出したヒントをもと

間取り図を描くステップ

① 間取り図を書き、家具の位置も大まかに書く

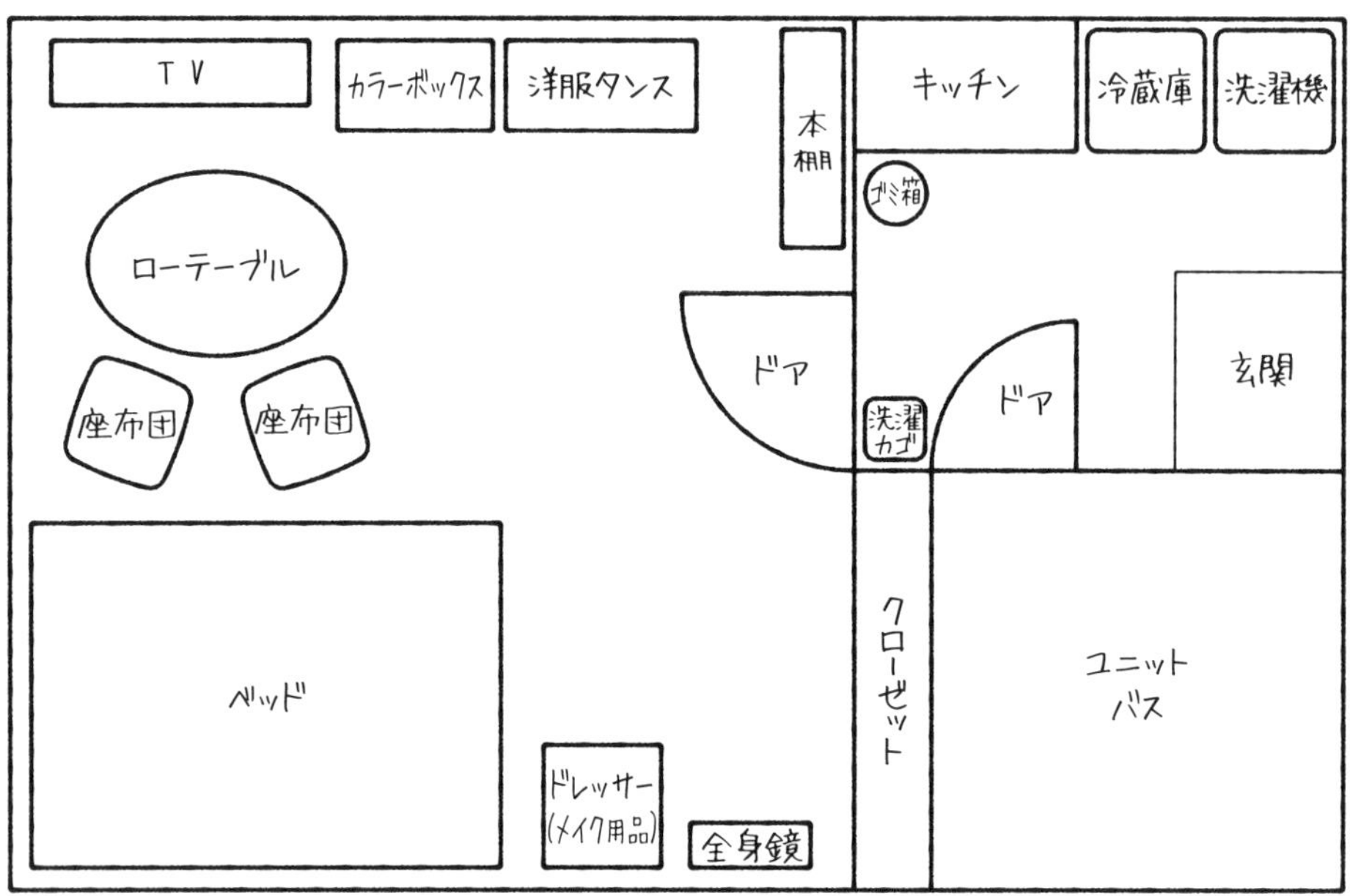

② 散らかっているところを書く⇒グレー

書いているうちに気づきを得る⇒赤

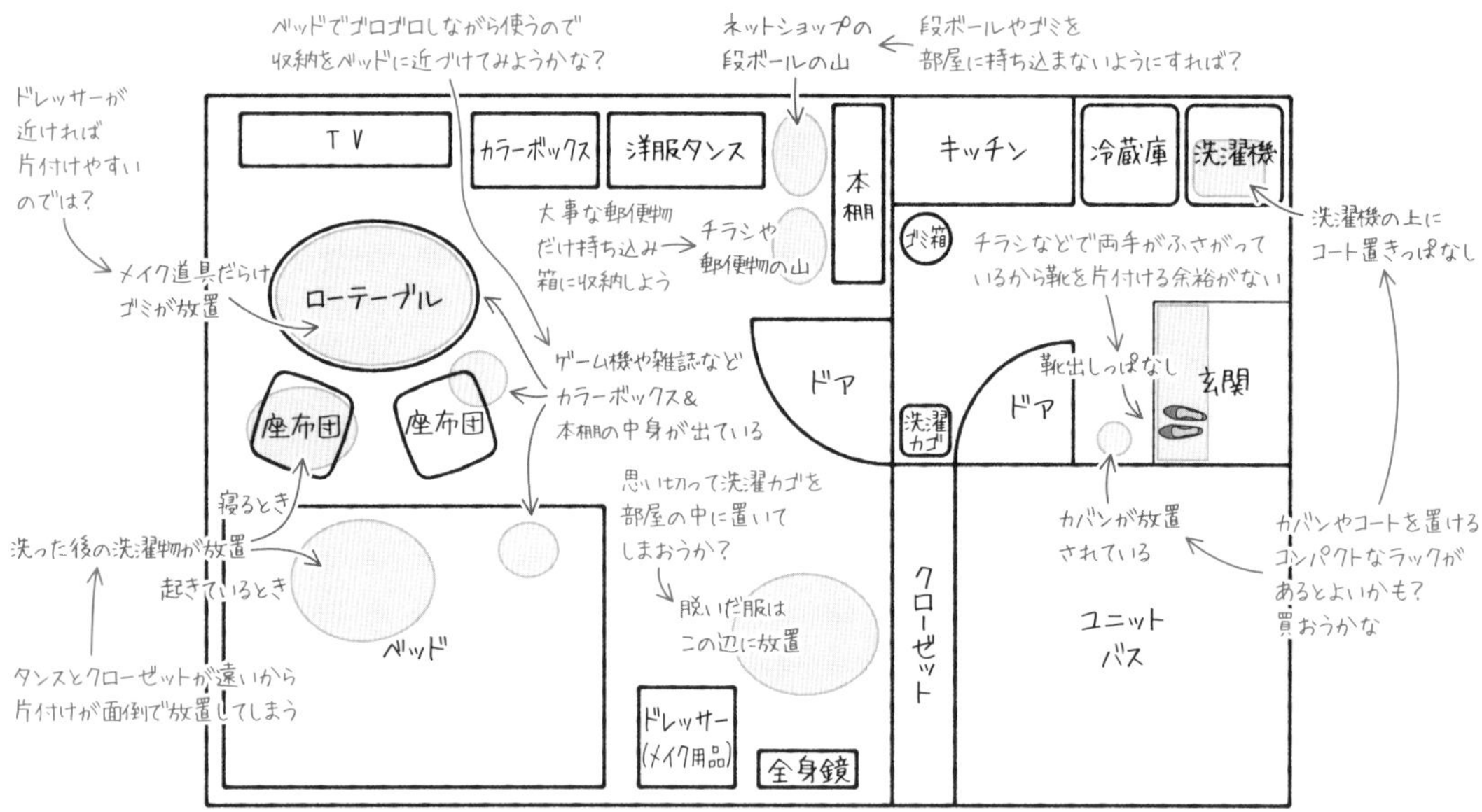

③ 気づきをもとに家具の配置を考え直す

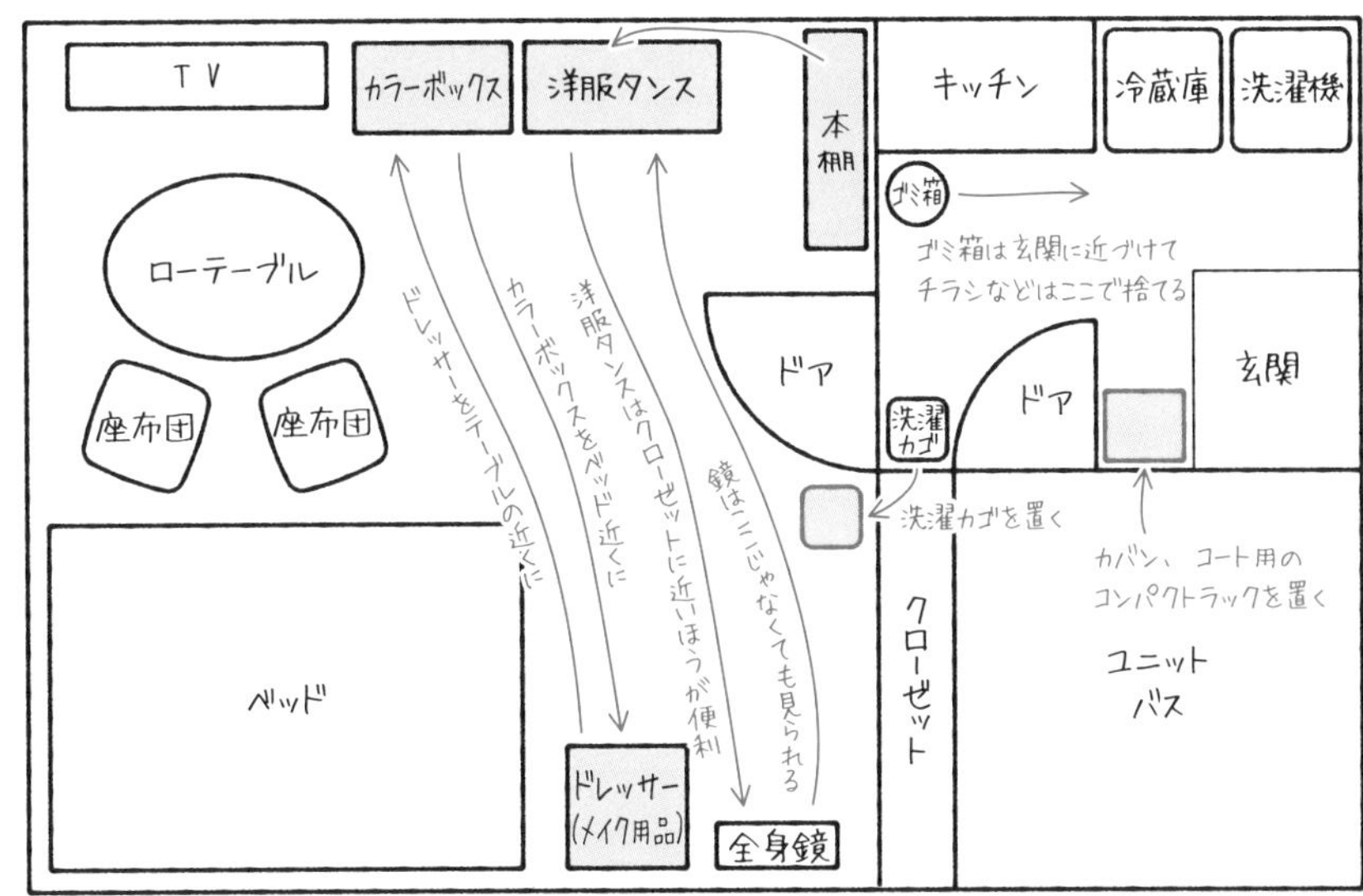

④ 新しい家具配置の図を書く

→OKだったら模様替え

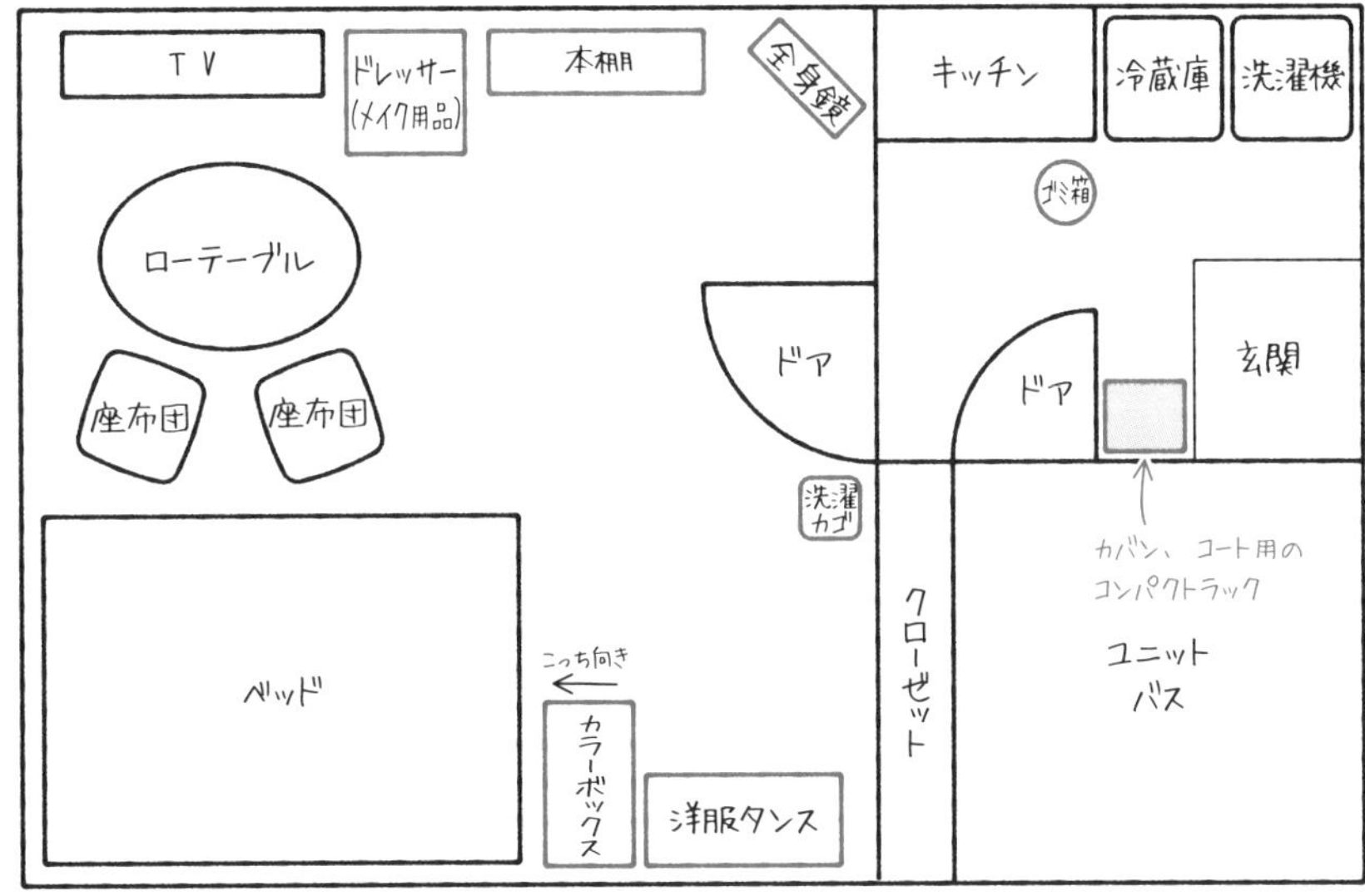

に、家具をどう動かすか考えよう。つい新しい収納がほしくなるが、まずは既存の家具で何とかならないかを考えることが重要だ。

ステップ4　新しい家具配置の図を書く

自分が生活する上で邪魔にならないか、効率が上がるか、サイズは大丈夫か、最終模様替えした図を書いてみよう。そして、移動しても問題ないか実際の部屋や家具をメジャーで測って、問題がなければ模様替えをしよう。

模様替えほど大掛かりな変更をしなかったとしても、ステップ1とステップ2までをやることで、自分の散らかし癖がどこからきているのかがわかり、生活改善にもつながる。視覚認知の苦手な人にとっては、間取り図を書くのも一苦労かもしれないが、自分で書くことで空間を把握できるようになるので、ぜひ挑戦してほしい。

集中力が続かない人は時間の使い方を工夫する

集中力が続かないタイプは時間で区切ることで集中力を保とう。お勧めは**タイムタイマーを使うこと**だ。タイムタイマーは視覚的にどれくらい時間が経過しているかを示してくれるので、「あと少しだから頑張ろう」という気持ちにさせてくれる。サウナの砂時計のような感じだ。

また、**時間帯によって片付けの内容を変えてみる**のもよい。朝は脳が覚醒していないので、段ボールをつぶす、靴をしまうなどあまり考えずに身体を動かすことをする。身体を動かすうちに脳も目覚めてくる。お昼は脳も絶好調なので、捨てるものの精査など、判断力が必要な片付けをする。夜は脳も身体も疲れているので、に精査したものをまとめる（ゴミ出しをしてしまう作業は翌朝）、TVを観ながら机の整理整頓など負担の少ない片付けを行う。

このように時間をうまく使うことで、集中力のない人も片付けを続けることができるようになるはずだ。

モチベダウンタイプは自分のやる気のツボを探そう

「片付けたい。だけどやる気が起きない」という人は、**自分のやる気のツボがどこにあるのかを見つけるところから始めよう**。めったに片付けない自分がこれまで片付けをやったのはどんなときか思い出してほしい。

思い出すことで、それを利用した片付けが可能になる。たとえば、次のような例が考えられる。

●他人の目を利用

家庭訪問、友人が来る、オンラ

集中力が続かない人の片付けの仕方

考えずにできて
身体を動かすこと
をやる

判断力を必要とする
片付けをする

負担が少ない
ことをやる

時間帯によって片付けの内容を変えてみる

イン会議で家の背景が見えてしまうといった事態になると急いで片付けることはないだろうか。

誰かに見られるという緊張感が片付けの原動力になる人は、意図的に他人に部屋を見られる機会を作ってみよう。

●先延ばし癖をうまく利用

テスト前で勉強しないといけないのに、机に向かうと勉強そっちのけで散らかった机を片付けていた経験がある人は多いだろう。

このように片付けより嫌なことがある場合は先延ばしの優先度に変化が生じ、普段全然やらない片付けをやってしまうことがある。

これをうまく利用し、資格試験に挑戦してみる、ウェブ記事を書くアルバイトを引き受けてみる、通信教育を受けてみるなど、自宅でじっくり取り組む必要があるものにチャレンジしてみるのも手だ。スキルアップときれいな部屋が同時に手に入るかもしれない。

●片付けのメリットを上乗せしてやる気アップ

部屋を片付けない人の中には、無意識のうちに片付ける労力と得られるメリットを比較して先延ばしにしている人も多い。

その場合は片付けで得られるメリットが多いことを脳にわからせてあげることでモチベーションにつながることがある。たとえば、仕事や恋愛の成功など片付けたことでよいことがあったという体験談を読みあさってみよう。

リバウンドしないためには、プロの力も借りてみる

片付けはサボっても影響が出にくく、ついつい先延ばしにしがちだ。しかし、片付けはすべての家事の根本ともいってよい。シンクが散らかっていると料理がはかどらないし、モノであふれていては掃除もままならない。

部屋が片付くと、芋づる式で他の家事もうまくいくケースがあるので、片付けを第一に取り組むことをお勧めしたい。自力での限界を感じる人は**プロに依頼する**手もある。もちろん費用はかかるが、片付いた部屋で過ごすメリットは計り知れない。

片付けのプロといえば、整理収納アドバイザーやライフオーガナイザーといった人たちがいる。部屋のレイアウト、個人の性格、ライフスタイルなどを加味してアドバイスしてくれるので、リバウンドが少ない。部屋が汚いと「人に見られるのは恥ずかしい」という理由からプロを敬遠しがちだが、プロは汚部屋を見慣れているので心配する必要はない。むしろ普段の汚部屋をしっかり見てもらい、自分の片付けがうまくいかない原因をしっかり探ってもらおう。

タイプごとに適した片付けのやり方がある

視覚認知のタイプ

間取り図を書く

集中力が続かない人

タイムタイマーを使う

時間帯によって片付けの内容を変える

モチベダウンタイプ

自分のやる気のツボを探す

プロの力を借りるのもあり

洗濯が苦痛

対策

- メモやルーチン化でワーキングメモリを軽い状態に保つ
- 急がば回れの洗濯テクを身につける
- 洗濯を楽にしてくれるグッズを使う

事例 気づけば1日中洗濯している気がする

朝一に洗濯機を回し、家族を見送ったら洗濯カゴは再び寝間着でいっぱいになっている。洗濯機を回している間に他の家事をやっていると、洗濯が終わったことに気づかず干し忘れることも。

やっと洗濯カゴが空になったと思えば、家族が脱ぎっぱなしにしてかごに入れ忘れた洗濯物が見つかり、ついイライラ。家族の洗濯物を畳むとそれだけで何時間もかかってしまい、アイロンや収納はついつい後回しになりがちだ。

ようやく洗濯が片付いたと思えば、帰宅した家族がバンバン洗濯物を出すので、夜が更ける前に洗濯機をもう一度回す羽目に。これだけ洗濯をしているのに、朝になれば「お母さん、体操服ないー！」「靴下どこ?!」と家族から問い合わせの嵐。「昨日のうちに準備しって」といつも言っているのに朝になってバタバタする。感謝の言葉はなく、「何で洗ってないの？」というクレームだけで嫌になる。

原因 ワーキングメモリが低く、効率よくできない

洗濯は合間家事だ。洗濯機を回したらその間料理をしたり、洗濯物を干したら乾くまでに買い物に行ったり、掃除をしたり……と、マルチタスク的な要素が強い。

発達障害の特性の1つとして**ワーキングメモリの弱さ**がある。ワーキングメモリ（以下WM）とは日本語で作業記憶といい、何かをするために一時的に記憶を行う脳の

メモ帳のような役割を担う。「洗濯・料理・買い物・掃除……」とやることをWMに記憶していても、「急な来客」などで一気にやることを忘れてしまった経験がある人も多いのではないだろうか。

特に洗濯はやることの種類が多いので、長時間にわたりWMに入れておく必要がある。そのため、ついついWMから抜け落ちてしまいがちだ。そのため、洗濯機を回したが、干すのを忘れてもう1回洗濯機を回すはめになった、洗濯を取り込むのを忘れ、雨で洗濯がやり直しになった、などという悲劇が起きてしまう。

解決法 メモやルーチン化でワーキングメモリを軽い状態に保つ

頭の中でやることを整理するより、メモやスマホの**ToDoリストに書き出すこと**を心がけよう。家

ToDoリストの例

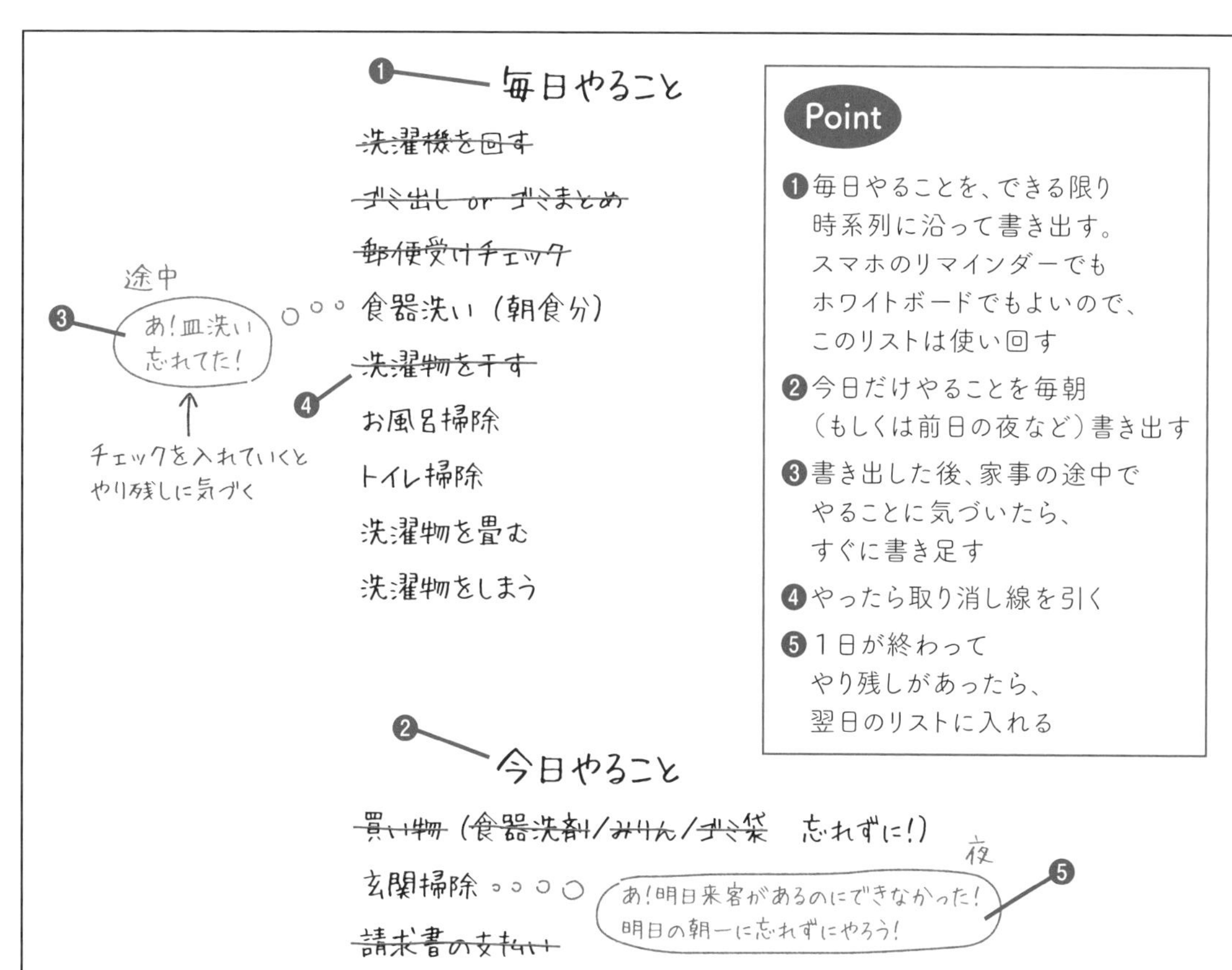

❶ 毎日やること
洗濯機を回す
ゴミ出し or ゴミまとめ
郵便受けチェック
食器洗い（朝食分）
洗濯物を干す
お風呂掃除
トイレ掃除
洗濯物を畳む
洗濯物をしまう
途中
❸ あ！皿洗い忘れてた！
❹
チェックを入れていくとやり残しに気づく
❷ 今日やること
買い物（食器洗剤／みりん／ゴミ袋 忘れずに！）
玄関掃除
請求書の支払い
夜
❺ あ！明日来客があるのにできなかった！明日の朝一に忘れずにやろう！
Point
❶毎日やることを、できる限り時系列に沿って書き出す。スマホのリマインダーでもホワイトボードでもよいので、このリストは使い回す
❷今日だけやることを毎朝（もしくは前日の夜など）書き出す
❸書き出した後、家事の途中でやることに気づいたら、すぐに書き足す
❹やったら取り消し線を引く
❺1日が終わってやり残しがあったら、翌日のリストに入れる

事をしながら、「次は何やるんだっけ？」と思い出すより、メモに書き出しておくことでひとつひとつの家事に集中でき、効率が上がる。

パソコンでも一度に多くのファイルを開けると動作が重くなるのと同じで、人間も頭の中がパンパンだと集中力が落ち、作業効率も下がってしまう。頭の中ではなく、外に出していくことが大切だ。

その際、重要なのは「洗濯」と**ひとくくりにして書かないこと**だ。「洗濯機を回す」「洗濯物を干す」「取り込む」「畳む」「しまう」とプロセスごとに分けて書くことで作業の抜け漏れを防止しよう。また、完了したらメモにチェックをつけることでモチベーションも上がるというメリットもある。

人を選ぶが、**ルーチン化してワーキングメモリを使わない手もある**。帰宅後必ず洗濯機を回し、お風呂に入り、上がったら干す、という感じに習慣化していれば、忘れたり非効率になったりすることが少ない。ただ、家族や同居人がいて生活リズムを一定化することが難しい場合や、ルーチン化が苦手なＡＤＨＤ傾向の強い人には向かないかもしれない。

急がば回れの洗濯テク

洗濯は手抜きがしにくい家事だ。料理のように外食で済ませるといったような気軽な代替手段もほとんどなく、片付けや掃除と異なり、1回サボった場合のしっぺ返しも大きい。

作業も洗濯機を回す↓干す↓取り込む↓畳む↓しまうと5工程もあり、手間・時間・量・頻度、どれも家事の中でトップクラスを誇る家事界の重鎮である。洗濯に対しては付け焼き刃的な手抜きを行うのではなく、むしろ次のように一手間加えることによって洗濯全体としての負荷を下げていくほうが懸命だ。

●ジャンル別（人物別）に洗濯ネットに入れて洗う

洗濯機にそのまま洗濯物を放り込んで洗うのではなく、**洗濯ネットに入れる**という一手間を加えよう。パンツ、靴下、シャツ（ハンガーにかけるもの）、タオルといった感じに分けてネットに入れていく。多少手間だが、これにより干すときと畳むときの手間がかなり減る。

靴下でまとめておけば、干すときにもう片方の靴下探しに手間取ることがなくなるし、ハンガーが必要なシャツ類でまとめておけば、テンポよくハンガーを使って干すことができる。

畳むときも**ジャンルごとに片付けていく**ほうが効率的だ。家族が多い人は、お父さんの分、お姉ちゃんの分、弟の分、というように

上手に洗濯を済ますテクニック

ジャンル別に
洗濯ネットに入れて洗う

脱水を減らして
水が滴った状態で干す

人物ごとに
洗濯ネットに入れて洗う

畳まずに収納する

人物ごとにネットを分ける方法もある。

これを行うことで、洗濯物を収納するときの仕分けが楽になる。干す段階で人物ごとに分けて干せるので、取り込むときも畳むときも人物別のまま、後はそれぞれの収納場所に持っていくだけだ。畳んだ後に「これはお父さんの……」と仕分ける必要がなくなる。

洗濯ネットは各自で入れる、干した後は各自で取り込んで収納するという感じに、家族の協力を得られれば効果抜群だ。

●脱水を減らしてシワを減らす

ついつい後回しにしてしまいがちなのが洗濯後のアイロンがけだ。後でまとめてアイロンをかけようと思っていたけれど、すっかり忘れて出かける前に大慌てでアイロンがけをする、なんてことになりがちだ。

少しでもシワを減らすために、干すときに手で一生懸命服のシワを伸ばす人もいるが、それより効果的なのが脱水を減らして水が滴(したた)った状態で干す、**滴り干し**だ。水が滴る程度の状態でハンガーにかけて干すと、水を含んだ服の自重でシワが伸びる。

もしくはハンガーにかけた状態でお風呂場に持ち込み、シャワーをかける**シャワーアイロン**も有効だ。シャワーアイロンは基本的に洗濯機から出した後のタイミングで行うが、汚れがそんなにない場合や、ちょっとしたおしゃれ着なんかは洗濯機に入れず、シャワーアイロンで洗うとシワもなくなるし、痛みにくい（※クリーニング指定のものはクリーニングに出すこと）。水が滴るのでお風呂場など干せる場所が限られてしまうのと、乾くまでに通常よりも時間を要するデメリットはあるが、アイロンがけよりもかなり楽だ。

他にもアイロンを使わずにシワを伸ばすテクニックがある。乾燥機がある人は乾燥機にシャツ1～2枚と氷を2～3個入れ、高温で5～10分回すとシワがとれる。氷が溶けてスチームになり、スチームアイロンと同じ効果を得ることができ、シワが伸びるのだ。コツは欲張ってたくさん入れないこと。シャツなら1～2枚、ズボンなら1着＋シャツ1枚程度にしておこう。

出かける前に服のシワが気になる場合は霧吹きとドライヤーを使おう。シワが気になる場所に霧吹きで水をかけ、手で叩いてシワを伸ばし、その後ドライヤーで乾燥させるとシワが伸びる。シャツの裾や襟など端の部分は、ストレートヘアアイロンで伸ばすという裏技もある（アイロンの温度には要注意）。

アイロンがけを簡単にしてくれるスチーマーもお勧めだ。従来のアイロンと異なり、ハンガーにかけた洋服に直接スチームを吹きか

シワに強い素材

ポリエステル	安価で丈夫、熱にも強い。ただし静電気や毛玉が発生しやすい。肌触りは天然繊維のほうがよい
ナイロン	吸湿性が低いので、撥水のアウターなどに使われることが多い。耐久性に優れるが、熱に弱いので乾燥機が使えない
ウール	天然繊維。保温性に優れ、吸湿性もあるので汗をかいても安心。セーターなどによく使われている

けてシワを伸ばすので手軽だ。最近だとハンガーラックとスチーマー一体型のモデルも出ている。

そもそも、服を購入する時点で「シワになりにくい素材」を選ぶことでアイロンがけの手間がなくなる。服選びの際は意識するとよい。シワに強いのは断然ポリエステル、ナイロンなどの化学繊維だ。天然繊維だとウールもシワに強い。反対に綿100%や麻(リネン)100%といった生地はシワになりやすい。シワになってほしくないシャツ・ブラウスなどを買う際には素材を確認して購入しよう。

また、最近流行の「ノンアイロン」や「形状記憶」などアイロンいらずの商品もお勧めだ。スーツに合わせるシャツなら洋服の青山やはるやまからもノンアイロンシャツが発売されているので、チェックしてみよう。

●畳まない収納を考える

ちょっと気が進まないかもしれないが、**一度洋服の収納を変えてみる**のも手だ。楽に出せる収納を心がけてみよう。

1つの引き出しを1ジャンルだけにして、畳まずに放り込むだけの収納にすると楽だ。1つの引き出しに下着類をまとめて収納している場合、靴下やパンツを畳んで入れないと取り出すときに探しにくい。しかし、パンツだけの引き出しであれば、しっかり畳んでいなくても探すのは容易だ。靴下もきれいに畳まなくても、セットを簡単に二つ折りするくらいの畳み方で十分だ。できるだけ、各引き出しに1ジャンルとなるよう、収納を見直そう。

また、ハンガーで干す服は極力ハンガーにかけた状態で収納できるほうが畳む手間もなく、シワにもなりにくい。収納グッズを購入するときはハンガーのまま収納できるラックタイプのものがお勧めだ。

服がラックに入りきらない場合は季節外れの服を畳んで収納するなど、一手間かかるが、衣替えをすることで日々の洗濯が楽になる。

洗濯を楽にしてくれるグッズ、サービスを使う

最新の電化製品から便利グッズ、サービスなど、洗濯を楽にしてくれるものがたくさんある。こうしたものを利用するのも1つの手だ。代表的なものをいくつか紹介したい。

●ドラム式洗濯機

ドラム式洗濯機なら、洗濯から乾燥までを全自動で行ってくれる。干す手間が省けるため、かなり洗濯の負担を軽減してくれる。安いものでも15万程度するため、通常の縦型洗濯機と比べて高価ではあるが、費用対効果は高い。

ただ、乾燥後はかなりシワシワになるので、服によってはアイロンがけをするか、通常の洗濯モードで洗って干す必要がある。

●浴室乾燥設備

引っ越しの際に**浴室乾燥**がついている物件を選ぶと、洗濯が楽になる。その名の通り、スイッチ1つで浴室が乾燥室に早変わりし、あっという間に洗濯物が乾いてしまう。

ただ、電気代がかさむので、使い過ぎには注意しよう。

●クイックプレス

クイックプレスは一見するとただのプラスチックの板だが、この上にシャツを置いて手順通りに板を畳むと、あっという間にきれいにシャツが畳める便利グッズだ。

慣れるまでコツがいるが、慣れてしまうと数秒でシャツ類がきれいに畳めるようになるので、畳むのが苦手な人はチャレンジしてみてもよいかもしれない。値段も1500円程度とそこまで高くない。

●宅配クリーニング

クリーニングをなかなか出さない、出しても引き取るのを忘れてしまう人は、**宅配クリーニング**という手段もある。

業者によってはとれたボタンをつけてくれたり、シーズン物を長期間保管してくれたりするサービスもあるので、上手に活用したい。

サービスの性質上、持ち込み型のクリーニングよりはコストがかかる。

似たサービスで洗濯代行もあるが、こちらは通常の洗濯をしてくれる。クリーニングよりも安価で畳み仕上げもしてくれるので、興味がある人は使ってみてもよいだろう。

洗濯を楽にしてくれるグッズ・サービスの例

ドラム式洗濯機

値は張るが、洗濯から乾燥までを全自動で行ってくれるので便利

浴室乾燥設備

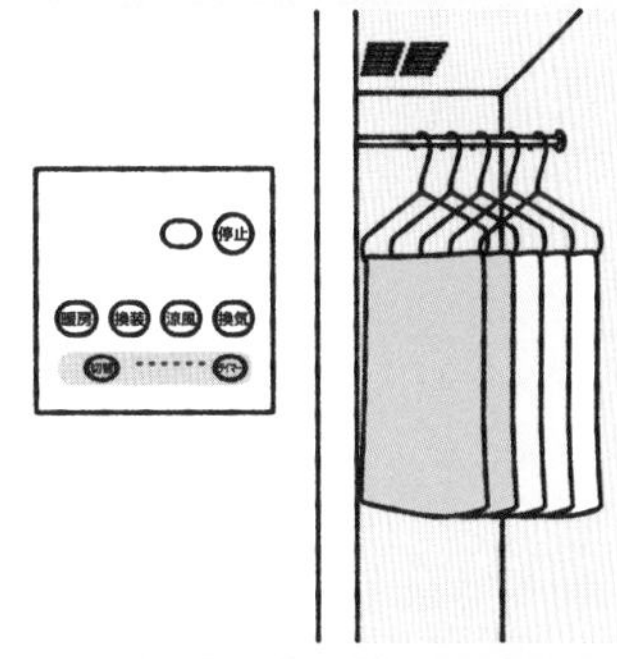

引っ越しの際に浴室乾燥設備を選べば、スイッチ1つで浴室が乾燥室になる

クイックプレス

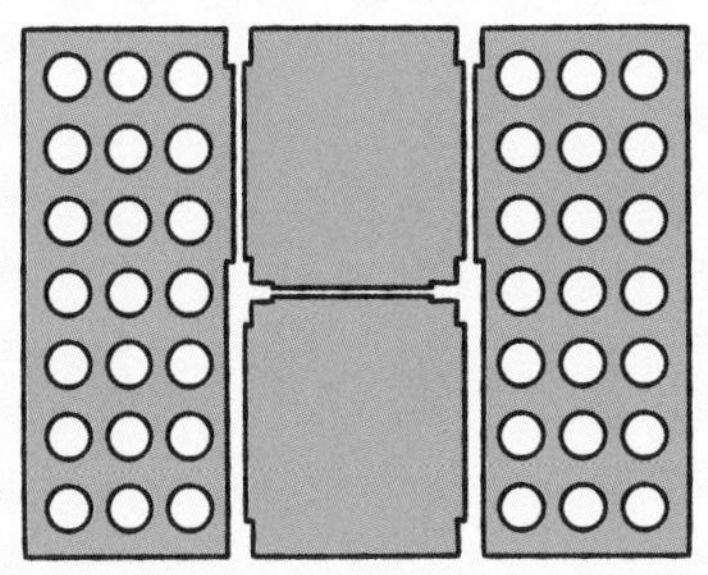

シャツを置いて手順通りに板を畳むと、あっという間にきれいにシャツが畳めてしまう

宅配クリーニング

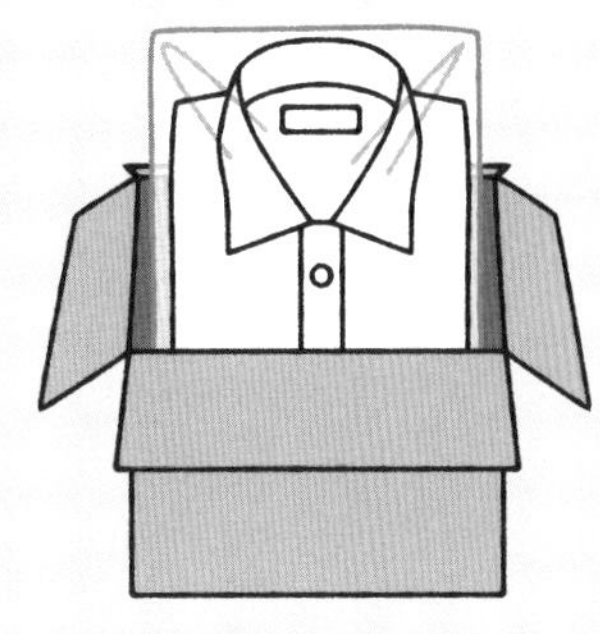

とれたボタンをつけてくれたり、シーズン物を長期間保管してくれたりするサービスがある業者もある

掃除ができない

- ながら掃除とついで掃除を併用する
- 汚れにくい仕組み作りを心がける
- たまった汚れを一気に落としてくれるアイテムを使う

事例 みんな、いつ掃除してるの？

掃除をどのタイミングでやればよいのかがわからない。

気がついたら家の床が髪の毛だらけになっていたり、トイレにはトイレットペーパーの芯が散乱しており、お風呂場はカビだらけ。キッチンは油汚れでベトベトしていて、換気扇やエアコンのフィルターは引っ越してから一度も掃除したことがない。

「やらなきゃな」とは思うものの、ついつい先延ばししてしまう。気づけば汚部屋に……。

掃除をやるにもどこから手をつけていいのかわからない。助けて！

原因 やらない・できない・掃除嫌いの悪循環

掃除とひとくくりにしても、換気扇の掃除と床掃除ではやることも頻度もまったく異なる。よく「掃除は計画的に」と言われるが、場所と内容と頻度を考慮して掃除の計画を立てることは難しいし、それを実行するとなるとさらにハードルが上がる。

掃除のうまい人はちょっとした汚れにすぐ気づき対応するが、発達障害の特性である**視覚認知の弱さを抱えている人だと、すぐに気づくのも難しい**。

その結果、計画的に行う掃除も突発的に行う掃除もやらなくなり、「排水溝が詰まった」「虫がわいた」などのトラブルがもとで掃除を行うため、手間も時間もかかって掃除嫌いに拍車がかかることになる。

ついで掃除チャンス

料理をした後にざっと拭いておく

お風呂上がりに冷水シャワーで流す

歯磨きの後に洗面台を拭く

トイレの後に便器を拭いておく

手に届く範囲に掃除グッズがあるのが絶対条件

解決法　ずぼらのための ながら掃除とついで掃除

掃除の計画を立てたり、毎日◯分掃除するという目標を立てたりしても挫折してしまう人は、**ながら掃除とついで掃除で最低限の清潔度を保とう。**

ながら掃除は何か他のことをやりながらの掃除だ。テレビを観ながら掃除、家族と話しながら掃除、スマホを見ながら掃除、という感じだ。用意するのはコロコロクリーナーだけで十分。普段自分がゴロゴロしている場所から手の届く範囲にコロコロを置こう。後はながら掃除をするだけだ。

ここで大事なのはあくまで**掃除はオマケ**ということだ。「掃除をやるぞ!」と思うと、よほど掃除が好きでない限りテンションが下がってしまう。テレビやスマホといった自分から進んでやるような〝好き〟なアクションに掃除という〝ちょっと苦手〟なアクションをつけることで、苦手なアクションへのハードルが下がる。最初のうちはテレビのリモコンに「コロコロをかける」といったメモ書きをつけて、忘れないように工夫しよう。習慣化し、テレビの間は掃除タイムという癖がついてきたら、コロコロ以外の掃除も始めてみるとよい。

ついで掃除も掃除嫌いにお勧めしたい。料理をした後、食べる前に30秒だけざっとペーパーでキッチンやコンロ周りを拭く。お風呂上がりに冷水シャワーでざっとお風呂場を流す。歯を磨いた後にティッシュで洗面台を軽く拭く。このように何かをした後に〝ついでに〟ちょっとだけ掃除をするのがついで掃除だ。掃除は先延ばしするほど汚れがこびりついてやっかいだ。即掃除するついで掃除は一番簡単で効果が高い。

ついで掃除をやるには、**手に届く範囲に掃除グッズがあること**が絶対条件だ。離れた場所にあると、とりに行く間に面倒になってしまう。まずは自分の日常生活のどこでついで掃除ができるか考えよう。その後、掃除スポットにグッズを配置すれば準備OKだ。

汚れにくい仕組み作りを心がける

掃除の頻度と手間を減らすために、予防策を講じることも大切だ。特にトイレやお風呂といった水回りは頑固な汚れがつきやすいので要注意だ。場所ごとに、有効な解決策をいくつか挙げておきたい。

●トイレ

トイレスタンプは、洗浄剤を便器にスタンプのように貼りつける

場所別汚れを防ぐ工夫

トイレ

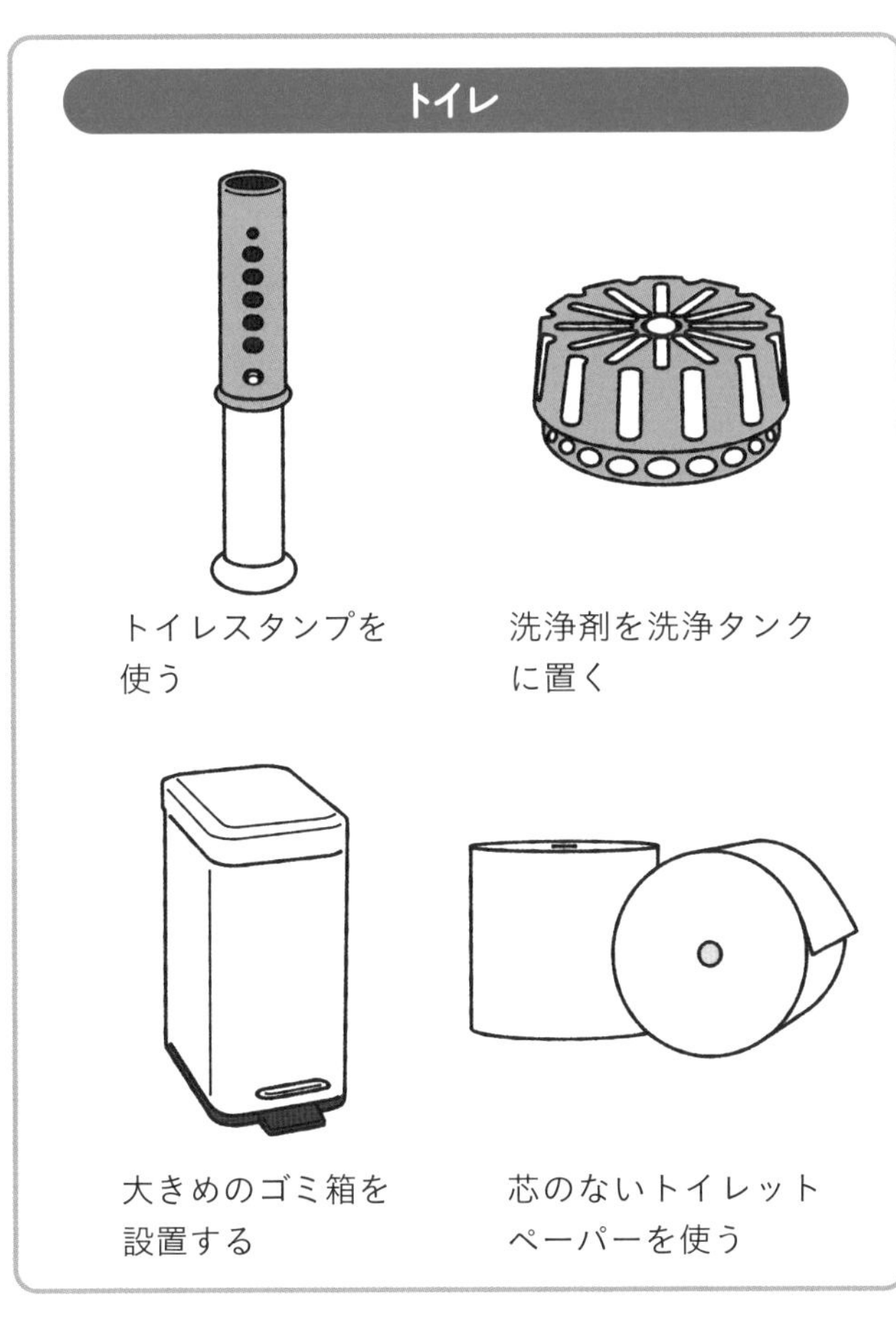

トイレスタンプを使う

洗浄剤を洗浄タンクに置く

大きめのゴミ箱を設置する

芯のないトイレットペーパーを使う

お風呂場

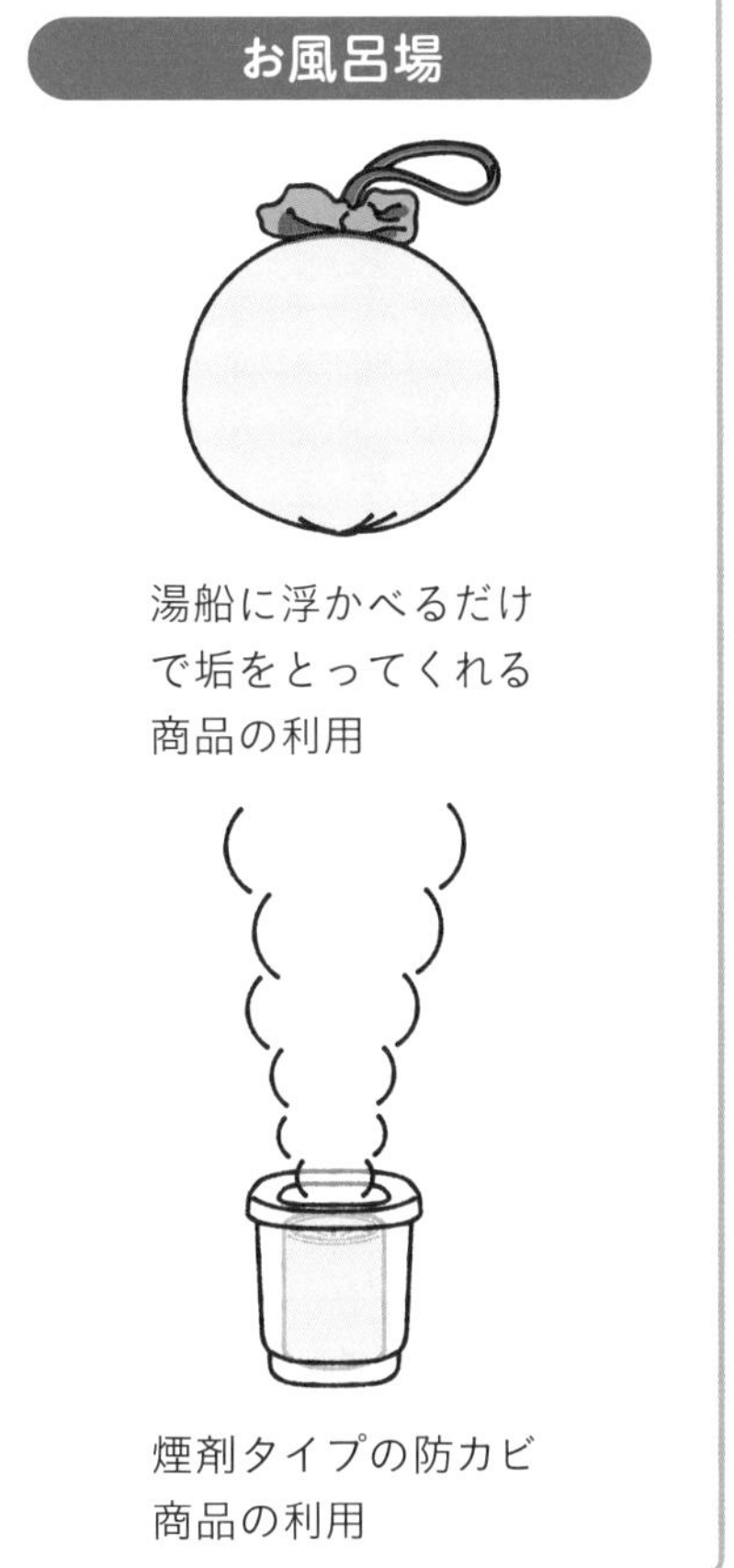

湯船に浮かべるだけで垢をとってくれる商品の利用

煙剤タイプの防カビ商品の利用

キッチン

排水口の網の上に丸めたアルミホイルを置く

魚焼きグリルに水溶き片栗粉を入れておく

ことで、トイレを流す度に洗浄剤が汚れを防いでくれる。洗浄タンクに置くタイプの洗浄剤も効果がある。

また、トイレットペーパーの芯が放置されまくる現象については、トイレに大きめのゴミ箱を設置したり、芯のないタイプを購入したりすることでストレスを減らしてほしい。

●お風呂場

お風呂場であれば、湯船に浮かべるだけで垢をとってくれる商品があるので、湯船に浸かる人は利用してみてもいいだろう。また、「ルック おふろの防カビくん」など煙剤タイプの防カビ商品には、一度焚くと1～2カ月ほどカビが生えないという優れものである。

●キッチン

排水溝のぬめりにはアルミホイルが有効だ。アルミホイルを15cmくらい出して丸めたものを2～3個排水口の網の上に置いておくだけで効果がある（排水溝に流してしまわないように注意）。

魚焼きグリルも、使用する前に受け皿に水溶き片栗粉を入れておけば、水溶き片栗粉がグミのように固まり、魚の油汚れごとベロンと取り除くことができる。

たまった汚れを一気に落としてくれるアイテムを使う

日々の掃除や汚れ対策を講じていても徐々に汚れてしまう。汚れが目立ってきたら、**一気にきれいにしてくれるグッズを利用して、なるべく手間をかけずに処理しよう。**

たとえば、トイレに黒ずみが付着してきたら洗浄剤を入れて放置するだけで黒ずみを溶かしてくれる商品がある。家を出る前に入れておくだけで帰宅後にトイレがきれいになっているのでかなり楽だ。

お風呂の湯船に水をためてそこに洗浄剤を入れるだけできれいになる商品もある。この洗浄剤を入れた湯船に風呂椅子や洗面器をつけておくと一緒にきれいになり、追い炊きボタンを押せば窯の中も洗浄される優れものだ。

忘れがちだが、洗濯機の槽クリーンは季節の変わり目でやるとよいだろう。専用洗剤を入れて回すだけなので、手間も少ない。特にドラム式の人はやらないと内部にゴミがたまり、乾燥機能が使えなくなるので注意だ。

掃除嫌いな人は多いかもしれないが、掃除はやるとハマる人も多い。汚れが落ちていくのはある種快感である。

リフレッシュのために旅行や温泉に行くのもいいが、掃除をアトラクションとして挑戦してみてはどうだろうか。苦行ではなく娯楽となるかもしれない。

たまった汚れを一気に落とすアイテム

トイレ

放置するだけで黒ずみを
溶かしてくれる洗浄剤

洗濯機

洗濯機の槽は専用洗剤を入れて回すだけ

お風呂場

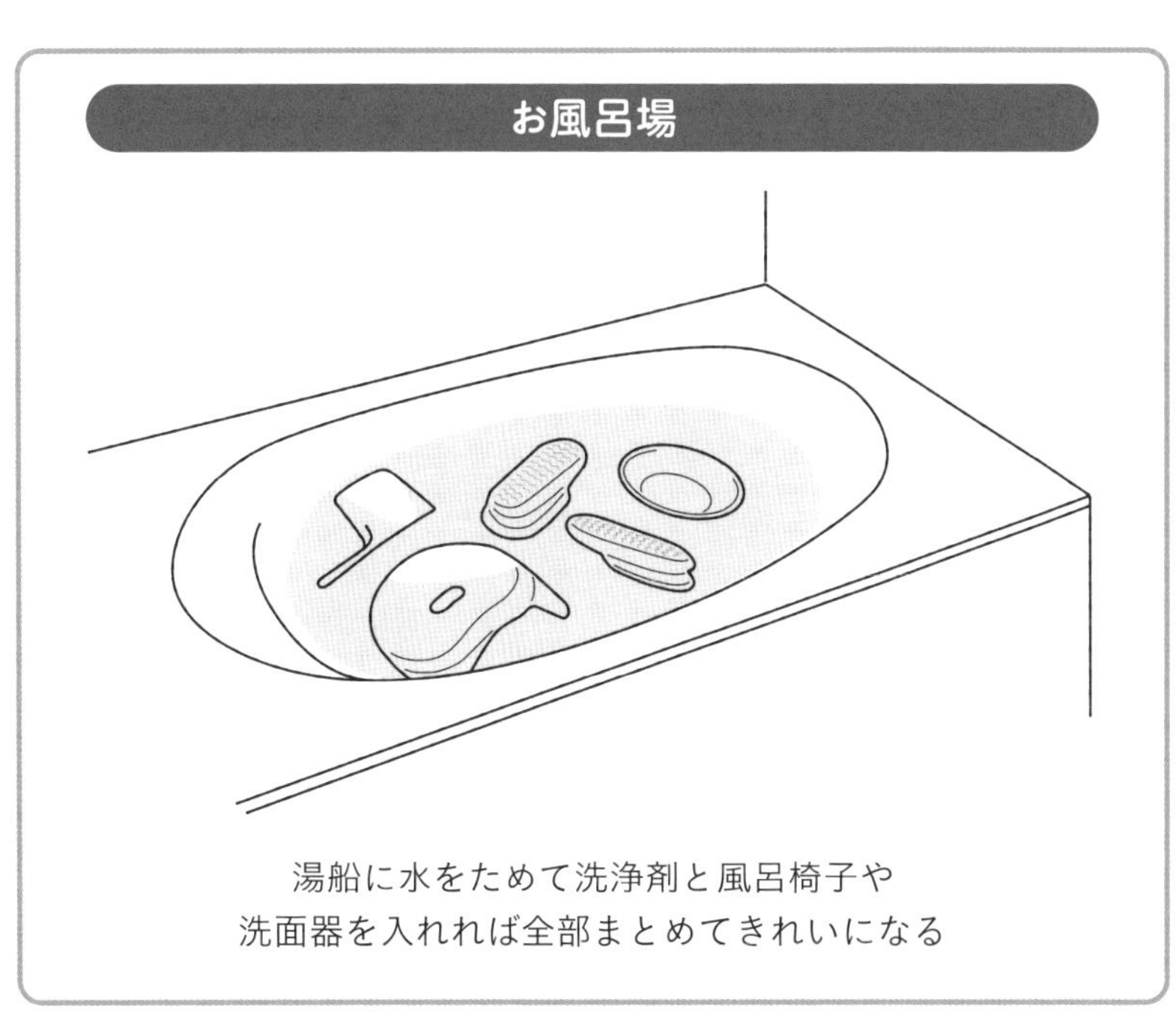

湯船に水をためて洗浄剤と風呂椅子や
洗面器を入れれば全部まとめてきれいになる

料理ができない

対策

- 料理・自炊に対するハードルを下げる
- レシピサイトやアプリをうまく活用する

事例

食べておいしいよりも料理の疲れが勝る

毎日の献立を考えるのにうんざり。スーパーで材料を買ったはいいけれど、一体何を作ろうか。

子どもと夫の好みがバラバラだから、皆に合わせて献立を考えるのは本当に大変。

やっと献立が決まったと思ったら、食材が足りない。冷蔵庫の奥を探してみると、いつ買ったかわからない謎の食材が腐った状態で出てきた。

作り始めてみると、「この後どうするんだっけ？」の連続。何回も作っているのに、一向に作り方を覚えられない。

今日もレシピを見ながら作る羽目になったが、見ながらだと時間がかかってしまう。

メインの料理に集中していたら、いつの間にか脇で作っているみそ汁が沸騰し、吹きこぼれそう。

食事を楽しむ前に作ることで疲れてしまった気がする。

料理中のマルチタスクが苦手

できたての料理を複数食卓に並べるには高度な**マルチタスクが求められる**。

3口コンロをうまく使い、主菜を煮込んでいる間に副菜を炒めたり、おみそ汁を作ったりと同時並行で作業をする必要があるため、複数の料理をベストなタイミングで出すのはハードルが高い。他に気をとられてうっかり火を止めるのを忘れてしまい焦がしてしまったり、せっかく買った具材を入れ忘れてしまったり、入れるタイミングが決まっている調味料を入れ忘れたり……。

また、レシピを見ながら料理をする場合はさらにタスクが1つ増えるため、人によってはさらにストレスがかかる。

レシピには「適量」とか「適宜」という曖昧な表記が使われることも多く、ASD傾向の強い人はそういった**曖昧さに悩む**こともある。

レシピを読んで理解することに時間がかかり、巷（ちまた）にあふれている「簡単20分レシピ」のような時短レシピであっても作ってみると60分くらいかかった、というのはよくあることだ。

ADHD傾向の強い人にとっては**料理の工程の多さがハードルを上げている**ことも多い。野菜を水洗いしたり、皮をむいたり、下茹でをしたりと、調理に至るまでの準備はもちろん、料理が終わった後に山積みになった洗いものの山を見て、「もう料理はしばらくしなくていいや」と思う人も少なくないのではないだろうか。

解決法　料理・自炊に対するハードルを下げる

一汁三菜、1日30品目……健康のために食生活を見直す人は多いが、そのために料理に対するハードルを上げてしまい、結局続かなくなってしまいがちだ。まずは「一汁一菜でもいい」「疲れた日は外食でもOK」という感じに**料理へのハードルを下げた上で、自分のペースで続けること**が大切だ。

毎日料理を作っている人に共通するのは、料理においてうまく手を抜くコツをつかんでいる点だ。ここではそのコツを紹介したい。

レシピサイトやアプリをうまく活用する

食材が余ってしまう場合は**レシピサイトで食材検索をする**と、今冷蔵庫にある食材で作ることができるレシピがわかる。『クックパッド』や味の素パークの『レシピ大百科』、ベターホームの『レシピサーチ』、『料理研究家リュウジのバズレシピ.com』などを利用しよう。

また、文字情報を読み解くのに時間がかかる人は、動画でレシピを紹介してくれる『DELISH KITCHEN』や『クラシル』

お勧めのレシピサイト

●クックパッド
https://cookpad.com/

- 月次利用者数約7,400万人、掲載レシピ数330万品以上の日本最大の料理レシピサイト
- 肉、魚、野菜、弁当や菓子、パンなどのカテゴリー、和食や中華などのジャンル、ハンバーグやカレーといった料理名や食材名から検索できる
- 普段の献立に使える簡単レシピから、本格派のこだわりレシピまで、作りやすくておいしいレシピがそろっている
- 人気順でレシピが検索できたり、プレミアム献立が見られたりする有料のプレミアムサービスもある

●レシピ大百科
https://park.ajinomoto.co.jp/recipe/

- 味の素が運営するレシピサイト
- テーマやシーンで献立を選ぶことができる
- 料理の基本がまとまっているので、迷ったときに確認できて便利
- 味の素の商品を使って、手間や時間をはぶくレシピが紹介されている
- お弁当や食材、人気ランキングなど検索方法も豊富

●レシピサーチ
https://www.bh-recipe.jp/

- クックパッド、楽天レシピ、みんなのきょうの料理、FOODIESレシピなど、多くの料理レシピサイトをまとめて検索できる
- 料理の素材や調理方法、調理器具、歳時名など、いろいろなキーワードで検索可能
- 商品についているバーコードからレシピ検索もできる

●料理研究家リュウジのバズレシピ.com

https://bazurecipe.com/

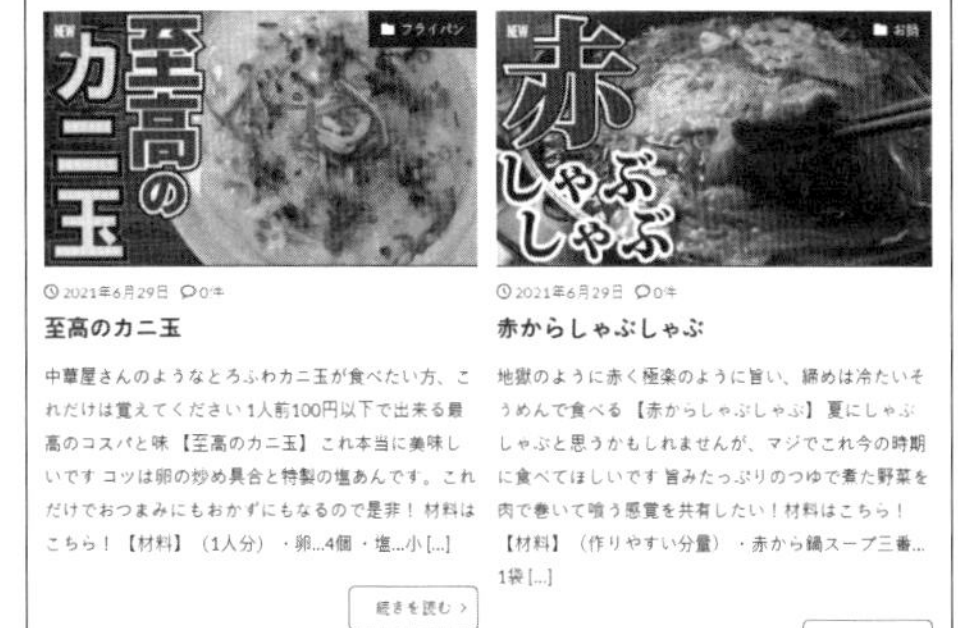

- 食材を組み合わせて料理を検索することができる
- 特別な材料を使わず、家にあるもので作れるメニューが多い
- 手順は動画で確認することができる
- 動画には同じメニューを作っている人のコメントが多く、感想をたくさん見ることができて励みになる

●DELISH KITCHEN

https://delishkitchen.tv/

- 作りたい！が見つかるレシピ動画アプリ
- 掲載しているレシピは、管理栄養士、調理師、料理研究家をはじめとする食の専門家が作ったオリジナル料理レシピ
- 時短・簡単レシピを多数公開

●クラシル

- 料理の工程が動画で見られる
- 献立機能を使って1週間分の献立がまとめて作れる
- 10分以内で作れる時短レシピが見つかる
- 300円以内で作れる節約レシピが見つかる
- 近所のスーパーの値段を比べてお得なお店がわかる
- 献立から買い物リストを自動生成できる

などのアプリもお勧めだ。1分程度の動画でレシピを紹介してくれるので、覚えやすく、料理工程のイメージも湧きやすくなる。

同じ献立になりがちな人には必要な食材をカットした状態でレシピと一緒に配送してくれるミールキットもお勧めだ。ミールキットの詳細は後述する。

マルチタスクは極力避ける

気が散りやすい人はコンロを同時に複数使わず、1つだけに絞り、他の調理は火を使わずに自動で動いてくれる電子レンジやケトルなどを利用するといい。ここでは便利な料理グッズをいくつか紹介したい。

●過熱水蒸気オーブンレンジ

天板に焼きそばの麺を広げ、その上に野菜と肉をのせて入れると焼きそばができる。肉や魚は凍ったままでも、おまかせコースでいい感じに焼いたり蒸したりしてくれる。ハンバーグも中まで火を入れてくれる優れもの（例：ヘルシオ オーブンレンジ）。

●電気鍋

食材と調味料を入れるだけで勝手に作ってくれるため、火の番人としてキッチンにかかりっきりになる必要がなくなる上に、何より焦がすリスクがなくなる。予約機能も充実しているため、帰宅後すぐに温かいご飯が食べられるのも利点である（例：ヘルシオホットクック、クックフォーミー）。

●鍋帽子

ヘルシオシリーズは値段が高いため、コスパを重視するなら鍋帽子もお勧めだ。鍋全体を包むサイズの保温材で、鍋を強火で調理した後、この鍋帽子に包んで放置するだけでいい感じに余熱を通してくれる優れものだ。時間はかかるが、手間なく煮込み料理ができる。

料理にかかる工程を減らそう

野菜はまとめて切り、冷凍保存しておけば調理の際の手間が省けるだけでなく、食材にもよるが、1カ月程保存できるため、食材を余らせるリスクも少なくなる。長ネギ、春菊、ほうれん草、小松菜、白菜、大根、人参、キャベツ、キノコ類など、切ってそのまま冷凍保存できるので、ぜひ試してほしい。

野菜を切るのも面倒に感じる人は**ミールキット**を利用してみてはどうだろうか。レシピと一緒に必要な人数分だけの食材が簡単に調理できる状態で届けられ、ありがたいことに献立の栄養バランスまで考えられている、そんな夢のようなサービスである。完全に自炊するよりは割高であるが、手軽に調理できるので、興味がある人は「ミールキット」で検索してみよう。

また食器洗いが面倒という声もよく上がる。筆者は紙コップ、紙皿、割り箸を利用して極力洗いものを出さないようにしていたが調理器具を洗うのが面倒になり、洗われない調理器具がシンクを埋め尽くし悲惨なことになった経験がある。

そこで、食洗機を導入したところ食器洗いのストレスを大幅に減らすことができた。また、ホイル焼きにすれば、フライパンを拭くだけでなので手間が削減できる。

調理のハードルを下げるために、**シンプルなレシピをチョイスすること**も大事だ。卵かけご飯、ふりかけご飯、シリアルなど、かけるだけで満足でき、外食より安く済ませることができる。おかずを作らなくても、みそ汁とご飯で一食を済ませるのもよいだろう。

あると便利な料理のグッズ

過熱水蒸気オーブンレンジ

- 素材をそのまま入れても、いい感じに焼いたり蒸したりしてくれる

例：ヘルシオオーブンレンジ

電気鍋

- 食材と調味料を入れるだけで勝手に料理ができあがる。
- 予約機能も充実している

例：ヘルシオホットクック、クックフォーミー

鍋帽子

- 鍋を強火で調理した後包んで放置するだけで、煮込み料理ができあがる

すぐ忘れる・よくものをなくす

対策

- 自分の忘却力に自信を持つ
- メモとリマインダーに工夫する
- 整理整頓を最小限にする

事例　何でこんなに忘れっぽいんだろう

久しぶりに郵便受けを開けると、大量のチラシの中からハガキが1通。水道局からの督促状だ。しまった。すっかり水道代を払うのを忘れていた。

それに数カ月前に購入したサプリメントがまた届いている。このサプリ、安いから買ったけれど、自動で定期契約になるやつなんだよな……。全然飲んでないし、初回以降はかなり値段も上がるから早く解約しないといけないんだけど、もう何回も忘れちゃってる。またやらかしたよ。

まあ、取りあえず家に入ろう……って、今度は鍵がない。やばい、もしかして落としたかも。こんなときどこに連絡すればいいんだっけ。確かスマホに連絡先を写真で撮ったやつがあるはずなんだけど。あー、写真が多すぎて全然見つからない。スマホの充電も全然ないし、言ってる間に電源切れた。昨日充電するの忘れて寝たからかな……。あー、もう嫌！

原因　記憶力のなさと整理力のなさのダブルパンチがピンチを招く

忘れることと失くすことはよく似ている。忘れるということは記憶の紛失とも言い換えられるし、ものがなくなる根本原因はどこに置いたかを忘れてしまうからだ。仮に記憶力が完璧であれば、どんなに散らかった部屋であってもどこに何があるかを把握できるので、ものをなくすことはない。反対に記憶力が乏しくてもしっかり整理された部屋であれば、どこに何があるか一目瞭然である。

短期記憶力の低さも**整理整頓が苦手であること**も発達障害の特性に含まれており、この特性を両方持つ人は著しくものを紛失しやすかったり、物忘れが激しかったりする。

解決法 自分の忘却力に自信を持つ

「こんなに手順があって覚えられるか自信がないな」という状態では対策が不十分になる。「こんなに手順が多いと、私は絶対に忘れる」「こんなところに置いていたら確実になくす」と、**はっきり開き直ること**で本気の対策が実行できる。

忘却力が高いのは悪いことではない。同じ映画や漫画を何回でも楽しめるし、嫌なことを忘れてフレッシュな気持ちで日々を過ごせるので、筆者にとっては便利な機能である。

もちろん、不便なことも多々あるが、これについてはたくさんの便利グッズがあり、比較的対策がとりやすい。

大事なのは**自分には対策が必要だという自覚を持つこと**だ。そもそも忘れっぽい人は自分が忘れっぽいことを忘れ、対策が疎かになる。この連鎖を断ち切ろう。

メモとリマインダーには工夫が必要

メモはとって終わりではなく、**必要なときにスムーズに情報を取り出せること**が重要だ。発達民にとって、「メモをとりなさい」と注意を受けることは日常茶飯事だ。

しかし、大事なのは、必要なときに必要な情報を取り出せることだ。そのため、**メモはできるだけスマホやタブレットなどの電子媒体でとる**といい。紙のメモはなくしやすいことに加え、必要な情報を見つけにくい。その点、電子媒体であれば検索ができたり、意図せず捨ててしまったりという事態も避けられる。デジタルでメモをとることが苦手な人は、紙で書いたメモをスマホのカメラで撮っておくとよいだろう。

ただメモが手元にないケースは要注意だ。通りすがりに頼まれた

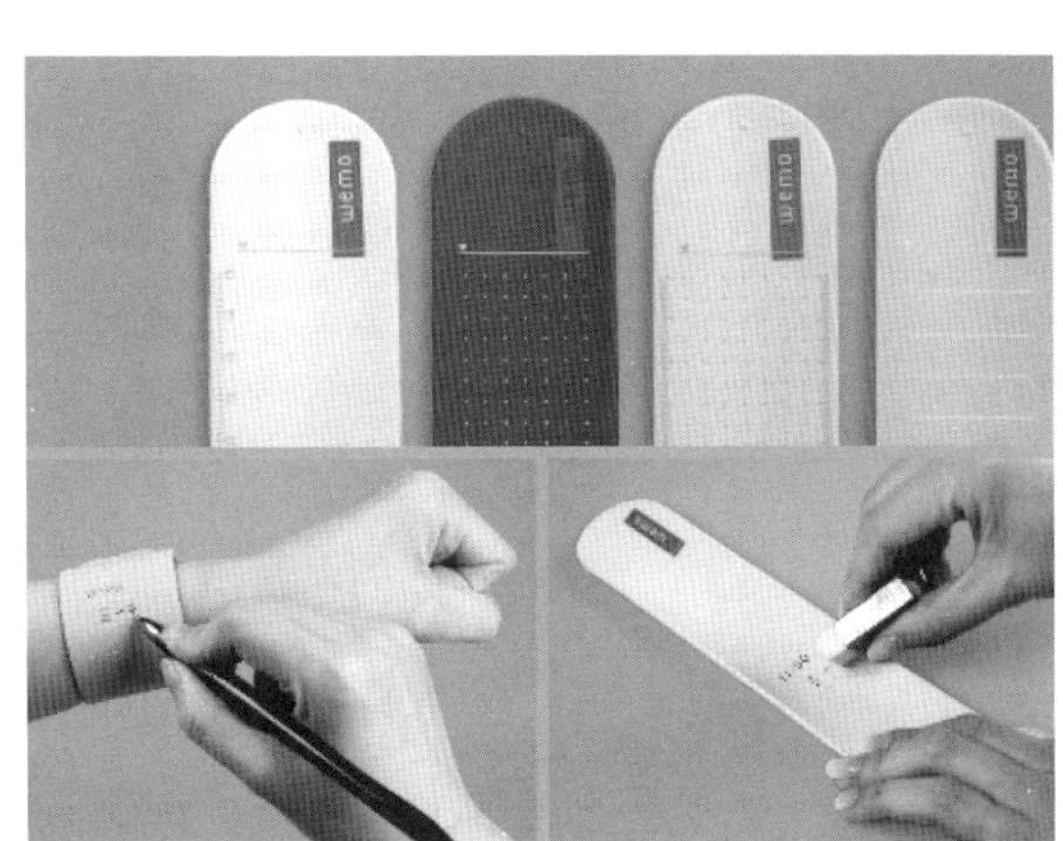

書いて消せるウェアラブルメモ「wemo（ウェモ）」

仕事をデスクに戻る頃にすっかり忘れている、なんて経験はないだろうか。

シンプルな解決策は即実行する、もしくはメモに書くまでブツブツつぶやくことだ（心の中でも可）。他にもスマホのリマインダーに即入れる、ウェアラブルメモを利用する方法もある。ウェアラブルメモは手首に巻くシリコンバンドタイプのメモで、指でこすると消えるので、何回でも繰り返し使える。

スマホの**リマインダーアプリ**は忘却力が高い人にとって最高のアイテムである。ただし、リマインダーアプリに入れ忘れることと、リマインダーを無視してしまうことには注意しよう。

筆者はＬＩＮＥのリマインダーを使っている。リマインダーのトーク画面にメモを入れて送信し時間を指定すると、その時間にＬＩＮＥメッセージとしてリマインドが届く。通常のＬＩＮＥを使うやり方とほぼ同じで簡単であり、見落としにくい。取りあえずウェアラブルメモに書いて、ウェアラブルメモを消すときにリマインダーに入れる合わせ技も有効だ。

証拠を残す手段としては証人を作る方法もある。チケットやパスポートなど、大切なものをなくさないよう、一緒にいる人に「私はここのポッケに入れた」と宣言すると、自分が忘れても誰かが覚えていてくれることがある。声に出すことで自分の記憶にも残りやすいのでお勧めの方法だ。

整理整頓は最小限に

整理整頓ができることが一番の理想ではあるが、それができれば苦労はしない。モノをよくなくす人は整理整頓を必要最小限に留め、すぐ見つかる策を講じよう。

必要最低限の整理整頓とは、**必要なものをまとめること**だ。外出の際に絶対持ち歩くもの（財布・定期・常備薬など）は小さいカバンやポーチにひとまとめにして、基本的にカバンから出さないようにしよう。

できればカバンはいつも同じものを使うことが望ましいが、カバンを変える場合も、この最小セットをそのまま丸々次に使うカバンに移し、大事なものを忘れないようにしよう。

家の中でも同様に、なくしてはいけない大切なものはひとまとめにしておこう。

マイナンバーカードやパスポート、通帳、印鑑など出番があまりなくて知らぬ間にどこかにいきがちな大事なものは雑でもいいので箱や引き出しにひとまとめにしておくとなくさない。

大切なのは使った後にしっかりとしまっておくことだ。大切なも

LINEのリマインダー設定方法

1 「リマインくん」でアカウントを検索❶し、友だちに追加❷する

2 トーク画面を開き、やりたいことを入力する

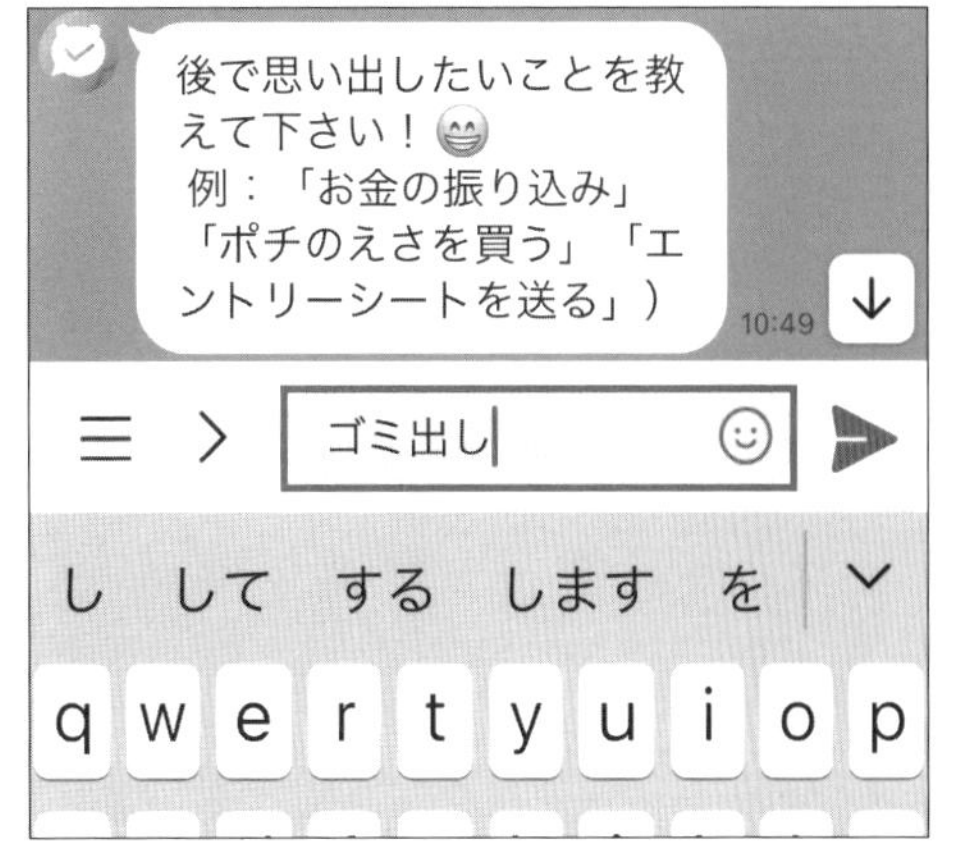

3 リマインドしてほしい日時の設定をする。日時を入力するとその時間にメッセージでリマインドが届く

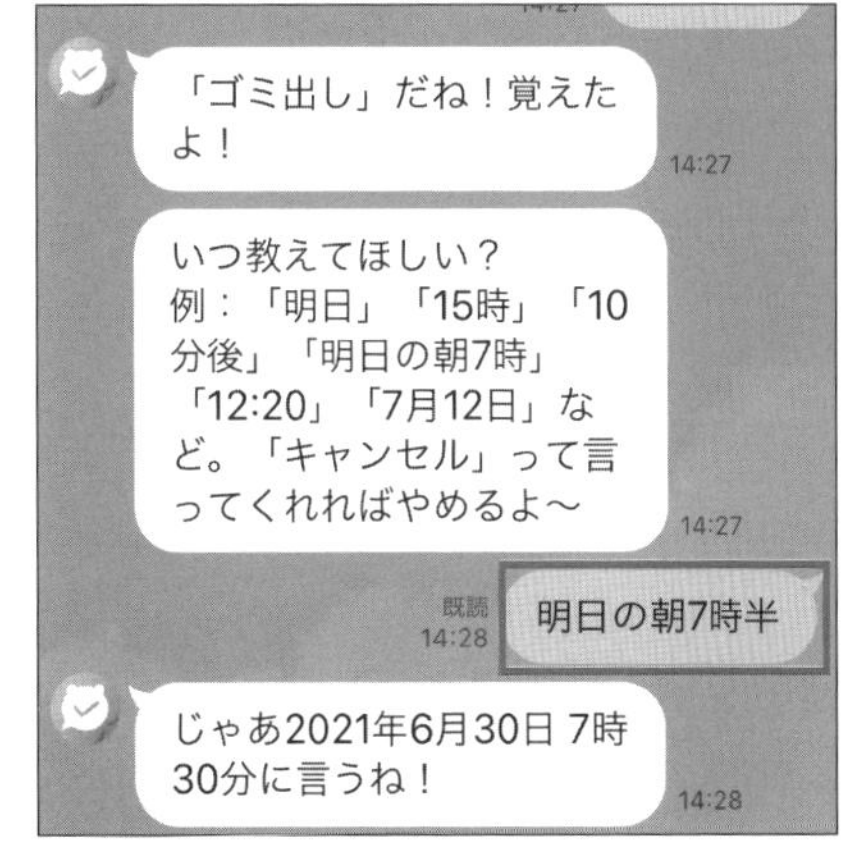

のグッズを箱から出す際は「油断するとなくす！」と、意識して緊張感を持とう。カバンのポケットに適当に入れたり、机の上に放置したりするとすぐになくなってしまう。

家から持ち出す際、カバンのポケットに入れるときに、「ここに入れた！」と口に出して覚えるようにしよう。さらにリマインダーアプリに「後でしまう」と入力しておけばしまい忘れもなくなる。

すぐ見つける対策が重要

モノはなくなったとしてもすぐに見つかればまったく何の問題もない。探すことに日々時間を割いている人は、**見つけるグッズをうまく活用しよう**。

よくカバンの中でモノを見失う人は、紛失防止ストラップも有効だ。カバンになくしたくない財布や鍵、スマホなどをくくりつけることができる。よく伸びるバネ型のストラップで、カバンのどこにしまってもストラップをたどればすぐに見つかるし、落とすリスクも低くなる。

カバンの中どころか、しょっちゅう落とし物・忘れ物をする人は、どうしてもなくしたくないものにＧＰＳチップを入れて、なくしたときにスマホで場所を探る手段もある。アップルのAir Tagが有名だ。

家の中でモノをなくす人はキーファインダーを活用するとよいだろう。

リモコン、スマホ、鍵などよくなくすものにキーファインダーのチップをつけると、なくしたときに手元のファインダーを操作して取りつけたチップからアラームを鳴らすことができる。

これを使えば、このファインダーのリモコンさえなくさないようにすれば済む。

自分にとっての正解を見つける

この分野に関しては自分の経験から、**「こうすればなくさない」という自分なりの王道を見つけること**が大事だ。

グッズが豊富にあるため、いろいろと試して自分に合うものを見つけよう。

筆者は鍵をよくなくしていたが、玄関扉に磁石式のフックを取りつけ、そこに鍵を置くことで、なくしたり、閉め忘れたりすることがなくなった。

旅行など荷物が多いと必ず忘れ物をするので、財布、スマホ、パスポートだけは出発前に必ず確認し、他は忘れてもよしと割り切っている。

限られた注意力をどこに割くか、これも自分の正解を見つけるとよいだろう。

整理整頓を必要最低限にするコツ

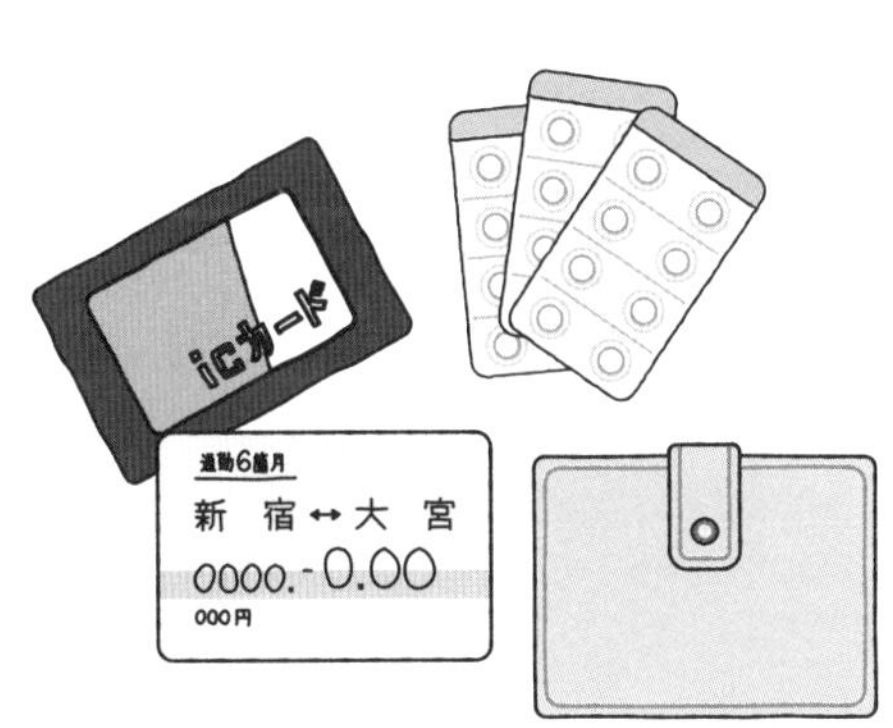

外出時に必ず持ち歩くものはひとまとめにして、カバンから出さない

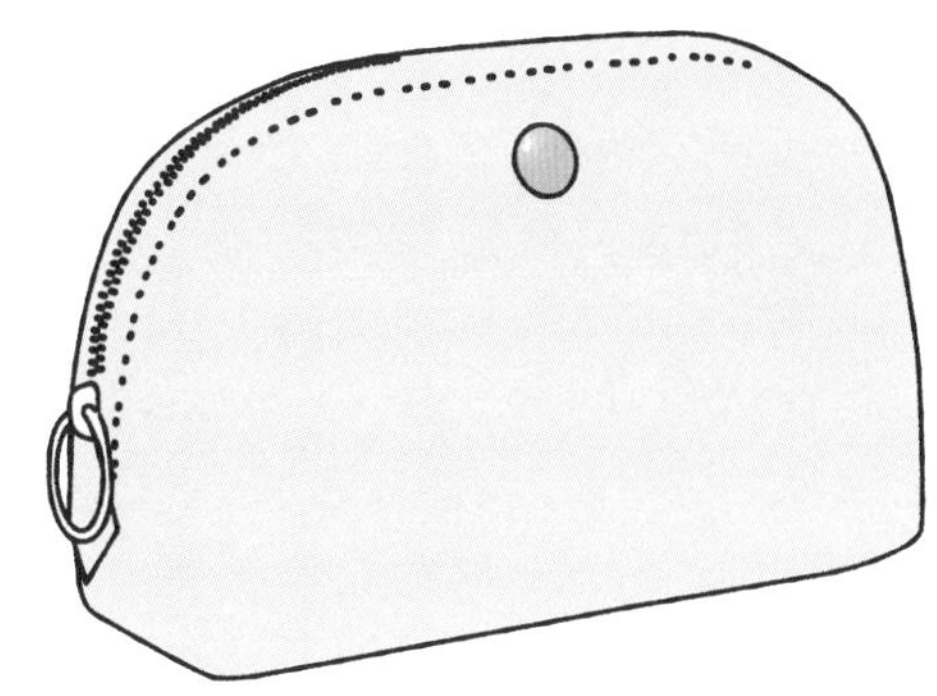

カバンはいつもの同じものを使い、違うカバンにするときはセットを丸々移す

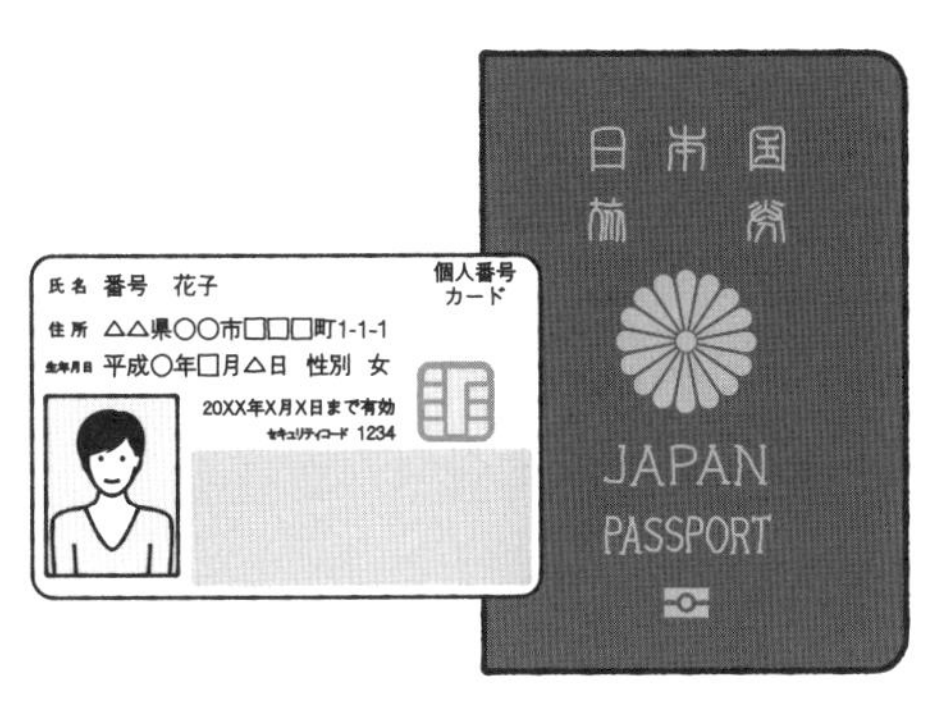

家の中でも大切なものはひとまとめに

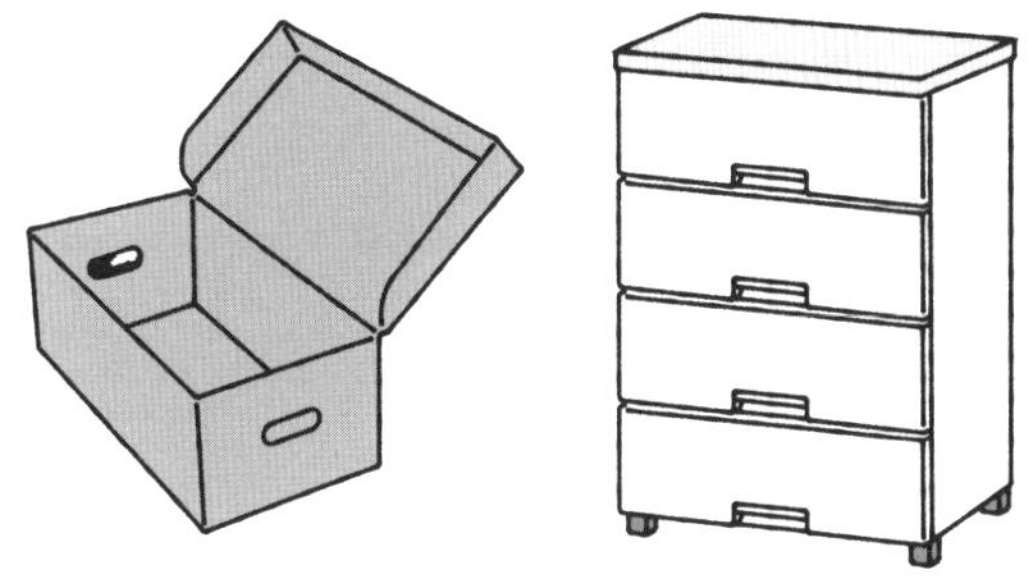

雑でもいいので箱や引き出しの中に入れておく

見つけるグッズを活用する

紛失防止ストラップ

- カバンになくしたくないものをくくりつけることができる
- バネ型のスラップなので、ストラップをたどればすぐに見つかる

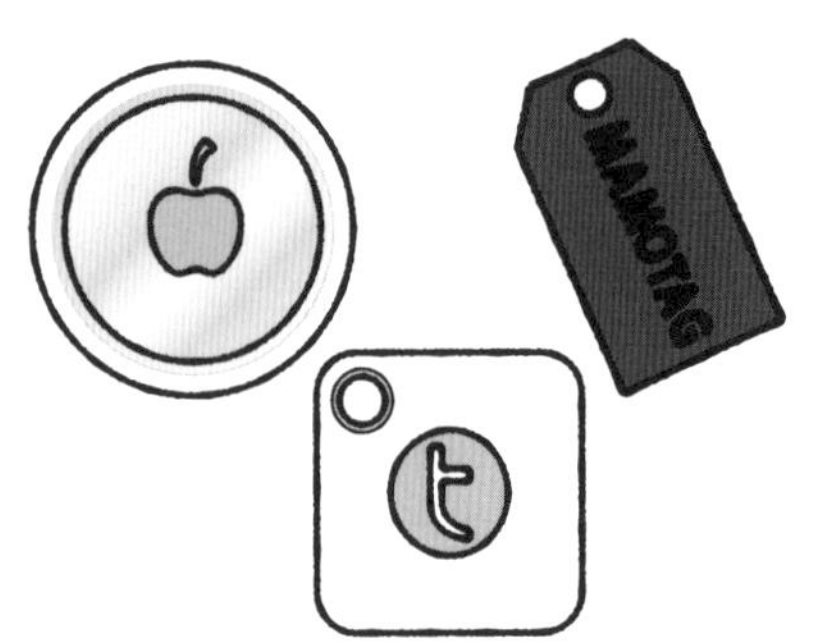

GPSチップ

- どうしてもなくしたくないものにGPSチップを入れれば、スマホで場所を探せる
- アップルのAir Tagが有名

キーファインダー

- 手元のファインダーを操作すれば、取りつけたチップからアラームが鳴る

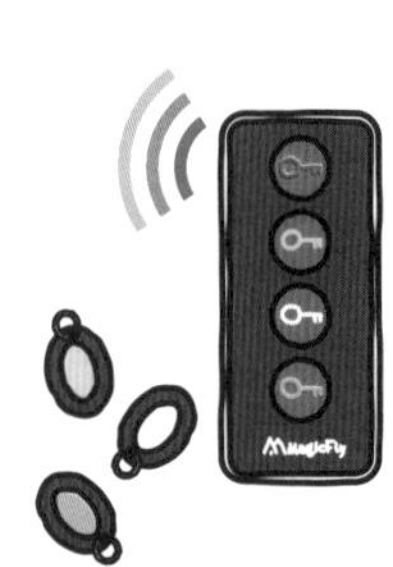

育児の悩みを何とかしたい

一人で抱え込まず周囲を頼ろう

育児では発達特性的に苦手とされることを多々求められる。臨機応変な対応、コミュニケーション、マルチタスクなど、挙げるときりがない。発達ママは、自分で思っている以上に頑張っている。まずは頑張っている自分を認めてあげよう。

子どもの発達特性との向き合い方がわからない

対策

- 特性のぶつかり合いはパターン別に解消する
- 発達育児の悩み解決は早期療育がキー
- 子ども時代の自分のことを思い浮かべてみる

事例 私も子どもも発達特性かも……

うちの子、ちょっと他の子と違うかも。赤ちゃんのときから全然目を合わせてくれないし、抱っこもものすごく嫌がる。もうすぐ2歳になるのに全然言葉を覚えない。

心配になって家族に相談したら、「母親の愛情不足じゃないの?」と言われてしまった。毎日の世話で精いっぱいなのに、これ以上何をしたらいいんだろう。

原因 親子の特性がぶつかり合う

自分も子どもも発達特性を持っていると、**その特性同士がぶつかり合う**ことがある。

特性同士のぶつかり合いは、大きく、①お互いのこだわりが衝突しケンカにつながる「こだわり衝突パターン」、②相手の特性が自分の特性を刺激してストレスがたまる「特性連鎖パターン」、③自分の苦手と子どもの苦手の分野が合致しており、教育ができない「苦手おそろいパターン」の3つに分けられる。

自分も特性があることで子どもの気持ちが理解しやすいメリットもあるが、育児において自分と子どもの特性が嚙み合わずに苦労しているケースもある。

母親も発達特性がある場合、自分も子ども時代に苦労した経験があるため、**「子どもの生きづらさがわかるからこそ私がしっかり配慮しなければ」と思う傾向にある。**

わが子につらい思いをさせたい親はいない。「この子は普通の子とは違うからこそ、人一倍気をつけなければ」という気持ちが育児のプレッシャーにつながっていて、知らない間に疲れをためてしまう。さらに、家事や育児はマルチタスクの側面が大きいため、発達女性の苦手分野であることが多く、普通の母親よりも疲れをためやすい。

疲労は悩みを解決する思考力をにぶらせ、新たな悩みを生み出す原因にもなる。発達特性を持つ子どもの育児には悩みどころが多い。疲れた状態で悩み、育児も配慮しながら頑張り、肉体的・精神的に疲れてしまう。

解決法 特性のぶつかり合いはパターン別に解消

特性のぶつかり合いは、前述のように大きく分けて3パターンだ。ここではパターン別に解決策を挙げていく。

こだわり衝突パターンの解決策

こだわり同士がぶつかり、子どもとケンカになってしまう場合、大概母親側が折れてフラストレーションをためている。常に自分のこだわりを通せないと、母親ばかりにストレスがかかり、結果として育児にも支障が出る可能性がある。一方、子ども側の意志を押しのけて母親側のこだわりを通す

Column

病院デビューのコツ

予約が全然とれないことが多いので、診断を受けたいと思ったらすぐに行動しよう。数カ月〜1年待つ病院もある。できれば小児だけでなく、大人の発達障害も診察してくれる病院を選ぶと、子どもだけでなく自分の困りごとも相談できるのでお勧めだ。

かなり長い時間待って病院に行くことになるので、診察時に伝えたいことはできる限り伝えられるよう、事前に伝えたいことをメモしておこう。ASDやADHDといった診断名に捉われず、「何に困っているか」を伝えたほうが適切な助言を受けやすい。

また、病院によっては最初の発達検査が保険適用外の場合もある。保険適用外だと検査費に数万円かかることもあるので、予約の際には費用についても確認しておこう。

と、子ども側に負担を強いることになる。

この状況を打破するには**母親側のこだわりを変える**必要がある。「変えられないからこだわり」という人もいるが、ＡＳＤ傾向の人は、合理性や論理性があるのなら、柔軟にこだわりを変えることができる。育児の場合、子どものこだわりを通さないと結果として子どもが暴れて自分のストレスにつながり、非合理的だという認識を持とう。

その前提で自分が今持っているこだわりを組み替える。たとえば計画通りに進めたいというこだわりを持つ人は、子どもがこだわりでぐずをこねる可能性も加味して計画を立てよう。

特性連鎖パターンの解決策

相手の特性がこちら側の特性を刺激し、負の連鎖が発生する場合がある。**まずは子どもと自分の特性を把握しよう**。

特性をなくすことはできないが、工夫次第で影響を受けにくくすることはできる。たとえば、聴覚過敏で子どもの泣き声にやられてしまう場合は、自分がイヤーマフをつけるなどして、対策がとりやすい特性から対処しよう。

苦手おそろいパターンの解決策

自分も苦手で子どもに教えられない人には、発達キッズが社会生活で困らないように特性への対処法を学べる「療育」がある。療育は特性に合わせて支援をしてくれるので、安心して頼ろう。

また、家ではママの真似をしないように、**「これはお手本ではない」ことを子どもに伝えておこう**。「片付けなさい」と怒ったときに、子どもから「ママだってできないくせに」と言われる場合は、「ママができないから教えてほしいな」「ママを助けてほしいな」という風に子どもを頼ったほうが、子どものやる気が引き出される場合がある。できないことを引け目に感じず、うまく利用して子どもの自立性を高めよう。

発達育児の悩み解決は早期療育がキー

療育は発達障害を治すために実施するものではなく、**特性に合わせた社会との関わり方を教えてくれる**ものだ。特性を無理矢理抑え込んで矯正させるわけではないので安心して利用しよう。

療育には家族のケアも含まれていることが多く、育児に関する悩みも相談できるので、ママの悩みや負担の大きな軽減につながる。行政の支援は成人の発達障害者よりも児童支援のほうが手厚いこと

特性同士がぶつかり合う3つのパターンの解決法

こだわり衝突パターン

- 自分のこだわりを合理的に変更する
- 子どものこだわりを通さないと、逆にストレスが増えてしまうので非合理的と捉える

---

2 特性連鎖パターン

- 子どもと自分の特性を把握する
- 対策のとりやすい特性から対処する

---

3 苦手おそろいパターン

- 療育に頼る
- ママは反面教師と割り切る

が多いので、利用しない手はない。

　児童預かりサービスや認可保育園への入園といった子どもへの直接的な支援以外にも、親同士の会で情報収集ができたり、先生への対応をやってくれたり、親にとってもありがたい支援があることも。

　また、小学校の情緒支援級への入学もお勧めだ。かつての支援級は知的障害の子どもが通うイメージが強かったが、この「情緒支援級」は発達障害に特化しており、大人数の教室に向かない子どもが少人数で学べる仕組みになっている。

　ソーシャルスキル（あいさつやお礼）の練習、片付けや身だしなみのチェックなど、社会性を育みつつ、勉強も一人ひとりに合わせて指導してもらえる。授業も、やり方に工夫があるだけで内容は通常学級と一緒なので、中学校以降の進学に支障をきたすこともない。

　この令和の時代は、30年前とは比べものにならないほど支援体制が整っている。**偏見の目も確実に少なくなっているので、怖がらずに適切な支援を受けるようにしよう。**

子ども時代の自分が子育てのヒントに

　発達ママは自分が子どもの頃に、わが子と似たような生きづらさ・悩みを抱えていた人も少なくない。わが子を見ているとかつての自分を思い出す人も多いのではないだろうか。発達特性の気持ちがわかるというのは発達ママにしかない強みだ。今一度自分の子ども時代、自分がどういう気持ちだったのか、何をしてほしかったのかを思い出してみよう。

　ここでは、発達ママたちに聞いた子ども時代にしてほしかったことを紹介する。どれも大人からすれば何気ない行動だったり、子どものためと思ってやっている行動なのかもしれないが、子どもからすると疑問や不満が残ることも多い。大人が思っている以上に子どもは聡いので、大人が威厳を保とうと適当にごまかせば子どもは気づくし、反対に大人が子どもに謝ったり弱みを見せたりしても、子どもに対して真摯に向き合っていれば、子どもは大人を下に見ることもないだろう。かつて自分が嫌だと思った大人になっていないか振り返ってみよう。

　ただし、あくまでこういった経験則はヒントにすぎない。絶対法則は存在しないので、自分の経験を子どもに押し付けすぎないようにしよう。時代も環境も違うし、親子といえども別の人間なので、自分にとってよかったことが子どもにも100%よいとは限らない。経験や知識、他人からのアドバイスに固執しない柔軟性が大切だ。

発達ママたちが子ども時代にしてほしかったこと、しないでほしかったこと

「何でできないの?」とできないことへの理由は聞かないでほしかった。理由がわからないからできないのに、理由を聞かれても困る。答えられずにさらに怒られる負のループに入りがち

「あなたのために言ってるの」「何回同じことを言わせるの!」と言わないでほしかった。「言って」と頼んだ覚えはない。期待に応えられない自分はダメな人間なんだと自己嫌悪に

怒るときは理由もセットで教えてほしかった。「ダメでしょ!」とだけ怒鳴られて、一体何が悪かったのかわからないまま、また同じことをやらかしてしまう

あいさつ、礼儀を教えてほしかった。大人になってから指摘され、なかなか身につかず苦労している。どのタイミングで「ありがとう」と言えばよいのかよくわからない

いっぱい褒めてほしかった。怒られることが多すぎて、褒めてもらうことがほとんどなかった

もっと信じてほしかった。親が心配性でやりたかったことはほとんど挑戦させてもらえなかった。私、そんなに危なっかしいかな

大人だって間違えたときはちゃんと謝ってほしかった。「私は悪くないのに」とずっと心の中にモヤモヤが残った

機嫌が悪いときは素直に教えてほしかった。今は理不尽に怒られる危険性があると察知して、回避できる

育児が苦痛で毎日つらい

対策

- 育児の基準を下げる
- 愛ある手抜きをする
- 一人になれる時間を持つ

事例　私って母親失格なの？

子どもに靴を履かせてあげたら自分で履きたかったとギャン泣き。それに対して私もカッとなって大声で怒鳴ってしまう。それを聞いてまた子どもが泣く負のスパイラル。

甲高い鳴き声も頭にキンキン響いて、そばにいることさえつらい。感情的に怒鳴っちゃダメ、もっと子どもに寄り添わないとダメ、とわかっているのにそれができない自分に自己嫌悪。

子どもに対してイライラするし、かわいいはずのわが子なのに、かわいいと思えないときも正直ある。

私って母親失格なんだろうか。

原因　無自覚な完璧主義が精神的ストレスに

ASD傾向の人はこだわりが強く、**「こうしたい」という思いが強くなりがち**だ。

その強い気持ちがさまざまな行動につながるので、こだわりを持つことは悪いことではないが、自分のこだわりが達成できなかったときに自分や周囲を責めてしまうほどの完璧主義に陥りやすいので注意が必要だ。

さらに発達特性の人は情報収集能力が高く、本やウェブサイトから「子育てではこうするべし」「子育てではこうするなかれ」といった**べき論や禁止事項といった情報を多数取り入れ、実践しようとする。**

もちろん、否定すべきことではないが、あまりにも「こうしたい」というこだわりが増えすぎると、それだけ目標を達成し損ねるリスクも増える。

達成できなかったときは「またやってしまった。私はなんてダメな母親なんだろう」という自己嫌悪から、「次こそはちゃんとやらなきゃ」という心理的負担が増え、それが結果としてさらなる失敗につながり、より深い自己嫌悪を覚えるという悪循環につながる場合もある。

仮に成功したとしても「次もやらなきゃいけない」という心理が働き、できて当たり前という状態になり、ふとした拍子にミスをすると結局は自己嫌悪につながってしまう。

解決法 「自分が元気」が大原則

子育てのルールで一番大切なことは、**「自分が元気であること」**だ。

育児本や他の人の育児の話を聞くと「もっと私も頑張らないと」という気持ちになるが、自分がつらい状況なのに「子どものために」と頑張ってしまうと、自分を犠牲にしがちだ。

自己犠牲を続けていると、長い子育て生活の中で息切れしてしまう。

子どもは自分よりも大切な存在かもしれないが、だからこそ自分が元気であること、心に余裕があることを一番にしよう。

そのためには、①育児の基準を下げる、②愛ある手抜きをする、③一人になれる時間を持つ、この3つが大切だ。それぞれについて詳しく見ていこう。

育児の基準を下げる

「子育ては子どもを死なせなければ成功」という言葉がある。知らず知らずのうちに育児に対して高い基準を設けていないだろうか。基準を下回ると自己嫌悪につながるので、まずは**自分が下回らない程度に基準を低く設定し直そう**。

子育てを放棄するみたいで抵抗があるかもしれないが、まずは大原則である「自分が元気」な状態を維持することを最優先しよう。基準を下げることは育児放棄にはならない。

基準を低くしたとしても、その基準に合わせて育児のやり方を変える必要はなく、これまで通りの育児のやり方を継続しても構わない。

ただ、基準を低くすることで、これまでは「やって当然」だった

「自分が元気」を原則にしよう

ことが、「かなり頑張っている」と認識が改まるので、自己肯定感が上がりやすくなる。

また、基準の上げ下げは自由なので、あまり重く受け止めず、「また慣れたら基準を上げればいいや」程度に、自分のメンタルブロックを外していこう。

愛のある手抜きをする

手抜き＝愛情不足だと思う人がいるが、ここでいう手抜きはその逆である。

家族との時間をもっと確保し、自分の心に余裕を持たせて家族に優しく接するために**愛のある手抜きをしよう**。

たとえば、子どもの学校のバザーで手作りグッズを提出しなければならなかったため、メルカリでハンドメイド品を購入して提出する、仕事のある日に晩ご飯を作るのは大変なので、ミールキットを利用する、などは愛ある手抜きに該当する。

育児や家事に限らず、人は常に全力疾走で生きることはできない。頑張るためには頑張らない時間が必要だ。

減らせるところは極力負担を減らすことが、自分や家族のためになる。

一人になれる時間を持つ

「母親は常に子どもと寄り添うべき」「母親に休みはない」という考え方に固執していないだろうか。

母親だって一人の人間だ。疲れもするし、イライラもするし、一人になりたいときもあるのは当然だ。

そんなときは**一人になれる時間を作ろう**。専門的な用語で、レスパイト・ケアともいう。子どもを預けられる人は預けて、その間自分の趣味に没頭するもよし、友人と遊ぶもよし。

ひとときのママ休みでリフレッシュすることで、また育児を頑張る活力が湧いてくる。

子どもを預けられない人は、短時間でもよいので自分の時間を作るようにしよう。

子どもがある程度大きいのなら、「ママは今から1時間だけ部屋にこもる」と宣言して自分を一時隔離したり、お風呂だけは自分一人の時間としてゆっくり入浴したりしてリフレッシュするなど、心から気を抜ける時間を作っていこう。

子どもがまだ小さくて目が離せないのなら、Eテレの教育番組、アマゾンプライム、YouTube Kidsなど、子ども向け番組を好きに視聴できるようにして、子どもが見ている間は同じ部屋で自分の好きな動画をイヤホンで見るなど、心理的に分離できる時間を作るとよい。

育児はおろか、何もできなくなった

対策

- まずは自覚することが第一歩
- ヘルプを出せる状態にしておく

事例 もっと頑張らないといけないのに……

また子どものワガママに怒鳴ってしまった。ワンワン泣いている姿を見るといつも後悔するのに、最近ちょっとしたことでイライラしてしまう。散らかりっぱなしの床を片付けようとしても、身体がとてもだるくてベッドから動けない。仕事も家事も夫に頼んでいるんだから、育児ぐらいは全部私がやらなきゃ……。

原因 ヘルプを出せない

発達特性の人は、助けが必要な状況であることを把握することが難しく、**ヘルプを出すことが苦手**な人が多い。「私は専業主婦だから、育児のことは全部自分でやって当然だ」「母親なんだから、育児で弱音を吐いてはいけない」「他のママたちはできているんだから、私の頑張りが足りないんだ」という感じに、一人で解決しようとしがちだ。「周りが〇〇だから」という周囲との相対評価ではなく、自分が困っているかどうか、自分の中の絶対評価で判断しよう。

解決法 まずは産後鬱、育児ノイローゼと自覚する

「わが子なのにかわいいと思えない」「産んだことを後悔している」人は産後鬱や育児ノイローゼになっている可能性がある。「わが子をかわいいと思えない自分は母親失格だ」「こんなことを他人に相談したら、きっと軽蔑されるに違

産後鬱・育児ノイローゼの代表的な症状

子どもがかわいいと思えなくなった

子どもに対して
笑顔で接することができなくなった

何のやる気も起きない

眠れない、途中で目が覚める

すぐイライラする、怒る

自分が許せない、自己嫌悪

いない」という気持ちから、誰にも相談できずに一人で抱え込み、さらに症状を悪化させてしまう。

産後鬱や育児ノイローゼは誰にでも起こりうることであり、決して「母親の愛情不足」や「母親のメンタルの弱さ」が原因ではない。**まずは自覚することが治療の第一歩**なので、前ページの代表的な症状に心当たりのある人は、専門医や信頼できる人に相談しよう。

ヘルプを出せる状態にしておく

いろいろと工夫をしても、どうしてもうまくいかないことがあるかもしれない。そんなときに**ヘルプが出せるような体制を整えておこう**。ヘルプはどこに出してもいいので、自分で一番ハードルの低いと感じるところに相談してみよう。

相談相手として信頼できる人物や団体を見分けるコツは、**自分の味方になってくれるかどうか**だ。「あなたの愛情不足」や「子どもがかわいそう」と言ってくる人に相談すると、それがとどめの一発となって心が折れてしまう可能性がある。

事前の問い合わせ時に対応が丁寧・感じがよい人物・団体は信頼できる場合が多い。

何があっても自分の味方でいてくれる人を見つけておくと、いざというときに安心して相談ができる。相談方法も対面、電話、メール、LINEなどさまざまなので、自分に合うものを選ぶとよい。

産後鬱や育児ノイローゼの可能性がある人は、**心療内科や精神科に相談してみよう**。病院に行くことに抵抗がある人は、普段育児の相談をしている人に話してもよい。地域によっては産後鬱の親の会などがあり、同じ悩みを持つ人と情報共有できる。

子どもに発達の特性がある場合は、親の会と呼ばれる発達特性を持つ子どもを持つ親の団体が全国各地にあるので、自分の地域の親の会を調べて行ってみるのも手だ。

子どもに手を挙げてしまいそうになる、ネグレクト（育児放棄）してしまいそうになる、もうギリギリという場合は189番に電話しよう。地域の児童相談所につながる番号で、相談は匿名でも行うことができる。

ヘルプが出せる体制を整える

- **信頼できる人物・団体を見つけておく**
  何があっても自分の味方でいてくれる人に相談しよう
- **産後鬱や育児ノイローゼの可能性がある場合は病院も考える**
  心療内科や精神科など専門医に相談しよう
- **限界がきたら189番に電話**
  地域の児童相談所につながり、匿名で相談ができる

代表的な相談窓口

公的な機関

●発達障害者支援センター

発達障害を持つ人を総合的に支援してくれる専門機関。発達障害に特化しており、保険・医療・福祉・教育・労働などの関係機関と連携しているので、どこに相談してよいか迷ったら発達障害者支援センターがお勧め。

●児童相談所

虐待のイメージが強いが、児童相談所はその名の通り、子どもについてのさまざまな相談ができる。

●教育相談所・教育センター

各自治体に設置されており、教育はもちろん、いじめ・不登校・発達障害などの相談もできる。

任意団体

有志が運営している団体で、同じ悩みや困りごとを抱えている者同士で集まり、相談や情報交換を行うことができる。昨今のコロナ禍により、オンラインで開催している団体もあるので、興味がある人は検索してみるとよい。いくつか代表的な機関を紹介しておく。

●親の会

全国各地で有志が運営している、発達障害の子を持つ親の会。「(自分の住んでいる地域) 親の会　発達障害」などで検索してみよう。

●産後鬱の親の会

あまり数は多くないが、産後鬱の親の会も存在する。

●発達障害当事者会・自助会

発達障害を持つ当事者が集まる会。自助会ともいう。イベント告知サイトのこくちーずPROなどで検索すると、自分の地域の当事者会やオンラインで開催している当事者会などを探すことができる。

ママ友との関係が苦痛

対策

- 自分の弱みを小出しにしていく
- ママ友付き合いは最低限に留める
- アプリで気の合うママ友を探す

事例 ママ友同士の会話についていけない

ママ友同士の会話にいつもついていけない。何回も見たことがあるのに、毎回「この人どの子のママだっけ」と忘れてしまう。

ただでさえ人の顔と名前を覚えるのが苦手なのに、ママ友の場合は子どもの名前もセットで覚える必要があるので難しすぎる。その上、その子がどんな習い事をしているとか、どこに住んでいるとか、追加の情報も周囲のママ友たちは把握している。

ママ友同士の会話でもどことなく浮いてしまい、親しいママ友もいない。ママ友がいないことでわが子に影響が出ないかと心配だ。子どものためにも、もっとママ友とうまくやりたい。

原因 女性特有のコミュニケーションが苦手

女性同士のコミュニケーションには、一般的に共感力や察する能力が求められる。たとえば相談に対して解決策ではなく、「わかる、つらいよね」という共感や、「あの人ちょっとアレなところあるからさ」という文言から、**「あの人」や「アレ」という指示語の内容を察すること**だ。ASD傾向のある人にとっては苦手分野であることも多く、その結果会話から取り残されてしまう。

さらに、**記憶するのが苦手**な場合だと、ママ友の会話を覚えられない、ママ友の名前を覚えられないことがコミュニケーションの障害になってしまう場合もある。

自分の弱みを小出しにしていく

自分の苦手なことは小出しにしていこう。「私、ちょっと人の名前を覚えるのが苦手で。もし、また会ったときに名前を聞いてしまったらごめんね」と先に一言断っておくだけで心証が変わる。

女性は察する能力と記憶力が高いことが多いので、それを逆手にとって自分の苦手を小出しにすることで相手が察してくれたり、苦手を覚えていてくれたりする場合がある。

このとき、「私はADHDなので」というように、**自分の特性をオープンにする必要はない**。特性をオープンにすることで「配慮しろ」という圧を感じてしまう人もいるので、苦手なことを伝えておく程度にしておくほうが無難だ。

アプリで気の合うママ友が探せる

無理に仲良くなろうとせず、ママ友との付き合いは最低限で大丈夫と言われても、実際には「気の合うママ友がほしい」人もいるかもしれない。

最近は**ママ友を探すマッチングアプリ**がリリースされているので、そういったアプリを利用してママ友探しをしてみてもよいだろう。

Column

ママ友付き合いは最低限で大丈夫

「ママ友と仲良くしなければならない」「ママ友をつくらないといけない」と思っている人も多いが、先輩ママに話を聞くと、ママ友関係は最低限でよいという意見を多く耳にする。なぜなら私たちが想像するほど、ママ友の関係性は子どもにあまり影響を及ぼさないからだ。子どもには子どもの社会があるため、よくも悪くも大人が介入する事は難しい。ママ友がいないことで子どもの人間関係が悪くなる事はほとんどないし、反対にママ友がたくさんできたところで子どもも学校の人気者になるのかといえばそれはまったく別の話だ。

ママ友付き合いが最低限でいいという意見が多い一方で、先輩ママたちの多くが「思ったよりも重要だった」と語る人間関係が『学校の先生』だ。特に自分の子が発達特性の場合は、学校の先生に特性をしっかり理解してもらう必要がある。家での様子や、学校で起こりうるトラブルなど、事前に先生に相談しておくとよい。子ども同士のトラブルが発生したときのために、ママ友と良好な関係を築いておきたい人も先に先生に相談してみよう。「自分の子どもの発達特性について、保護者会で他の保護者の皆さんに周知したほうがよいでしょうか？」というように先生に聞いてみてほしい。何かトラブルが発生したとき、間に必ず入るのは先生なので、先生とのコミュニケーションがとにかく大事だ。

ママ友がいないとSNSで行事の写真を共有してもらえないなどの不都合が生じることもある。ただ、すべての人間関係の糸を常にピンと張りつめておくと、心が休まらないし、押しつぶされてしまうこともある。ママ友に限らず人間関係にはある程度メリハリをつけて、疲れすぎないことが大事だ。

代表的なママ友が探せるマッチングアプリ

● Fiika
（フィーカ）

- 妊婦・ママ限定サービス
- 保活に関する機能が豊富
- 保育士・育児サポーターなどともつながることができる

● MAMATALK
（ママトーク）

- ご近所のママ友が探せるアプリ
- 住んでいる場所だけでなく、子どもの年齢、ママの働き方や趣味・興味など、共通点のあるママ友とつながれる

● mamagirl-link
（ママガールリンク）

- 情報をシェアできるアプリ
- 趣味が合う人同士でつながりやすい
- プロフィールから自動でマッチングしそうなママをお勧めする

● OYABAKA
（オヤバカ）

- アプリ内だけでのつながりを求める場合に最適
- 匿名なので安心して利用できる
- わが子の写真や動画を気軽に投稿できる

疲れ体質を何とかしたい

疲れは心と身体からのメッセージ

健康が一番とわかっているのに、ついつい疲れは無視されがちだ。疲れは病気ではないが、心や身体からのヘルプサインだ。頑張らないといけないからこそ、疲れというサインに気づく必要がある。疲れとの上手な付き合い方を考えてみよう。

お風呂や歯磨きといったルーチンができない

- 疲れのループを断ち切るための代替案を持っておく
- セルフネグレクトかどうか早めに気づくようにする

事例 毎日ギリギリで生きてます

家に帰ったら即こたつやベッドへダイブ。スマホをいじっているうちに気づいたら寝落ち。お風呂も入らず、歯磨きもせずに寝てしまった。

気づけばもう朝だ。メイクも落としていない。コンタクトもつけたまま。電気も消していない。「今日もやっちゃった」と自己嫌悪に陥りつつ、会社に行くためにシャワーを浴びる。

まだ火曜日なのに、しんどい。そういえば、最後に湯船に浸かったのっていつだっけ。本当は帰宅後に家事もやって、できれば英語の勉強なんかもしたいのに。こうなったら休日にやるしかないと決意するものの、いざ休日になるとやっぱり1日中ゴロゴロしてしまう。

原因 発達障害の特性は疲れに直結しやすい

発達障害の特性の1つに**発達性協調運動障害**がある。協調運動というのは複数の動作を1つにまとめる動きのことで、ジャンプしながら縄を回す縄跳び、手と足で別々の動きをするラジオ体操などが代表的な協調運動だ。こういった運動が苦手だったり、極端に不器用だったりする人は発達性協調運動障害の特性がある可能性が高い。

この特性があると、効率よく身体を動かせずに他の人よりもエネルギーを消耗しやすい。街を歩いていてもやたらと通行人にぶつかる、何もないところでつまずく、といった些細なことが積み重なり、疲れにつながることが起こりうる。

また、**過集中、多動・衝動性でエネルギー消費が激しい**のも原因の1つだ。過集中すると時間も忘れてのめり込むため、休憩もせずに長時間作業をしてしまう。

その結果、過集中が切れた後にどっと疲れが押し寄せ、何もできなくなってしまう経験がある人も多いだろう。この場合は意図せずに過集中に入るケースが多いので、疲れのコントロールが後手に回ってしまうのだ。

また多動・衝動性の特性を持つADHDの人は、人より動き回る分、エネルギー消費が増えて疲れにつながりやすい。

肉体的な多動の他にも、頭の中が多動というケースもある。いろいろな思考が同時に何個もぐるぐるして、日が暮れる頃には脳が疲れ切ってしまい、「今日何もして

睡眠までの最短ルートを確保する

ないのに疲れたな」となってしまう。

疲れのループを断ち切るための代替案を持っておく

疲れるとお風呂や歯磨きといったやらなければならないルーチンもこなせず、気を失うように寝てしまう。結果、あまり疲れがとれず、翌日もしんどい1日を過ごす。

このような疲れループを脱出するためには、**たとえ疲れても最低限のルーチンを最小限の労力と時間でクリアできる体制を整えておくこと**が大事だ。疲れることが問題なのではなく、疲れを翌日に残し、徐々に疲労負債をためてしまうことが問題だからだ。

疲労を回復する手段は基本的に睡眠となるので、自分に必要十分な睡眠を確保できるように、最短ルートを準備しておこう。たとえば、自分に必要な睡眠の条件が、「7時間睡眠・部屋は暗く・コンタクトは外す・パジャマを着ている・歯磨き済み・身体は清潔」であれば、これらをクリアできる最短ルートを確保しておく。コツは帰宅してから座ってしまう前にすべての条件をクリアできるようにすることだ。

一度座ってしまうと立ち上がれなくなり、そのままダラダラスマホをいじってしまい、寝落ちというパターンに陥ってしまわないよう、帰宅後すぐに手指消毒、シャワー、歯磨き、ドライヤー、スキンケア、コンタクトを外し、電気を消してベッドインという一連の流れを長くても30分以内に済ませられるように作戦を立てよう。

しんどい日はシャワーではなく拭き取りシートでいいや、歯磨きではなくマウスウォッシュでいいや……という感じに**代替措置も用意しておこう**。次ページのずぼらお役立ちグッズを活用するのも手だ。

特に疲れた日こそ睡眠時間を確保できるよう、他のことはできるだけ負担を軽くすることが重要だからだ。

ただし、毎日代替措置とならないように注意しよう。十分な睡眠時間を確保できているはずなのに疲れがとれず、毎日しんどいと感じる人は睡眠の質が悪かったり、睡眠障害の可能性があったりする。こうした人は100ページからの「睡眠の悩みを何とかしたい!」を参考にしてほしい。

セルフネグレクトの場合は早めに気づいて

「時間も十分にあるし、すごく疲れているわけではないけれど、何か面倒で何もやる気が起きない。最近ではお風呂に入るのも面倒だし、歯磨きをするのも億劫で一苦

ずぼらお役立ちグッズ

身体さっぱりシート

お風呂替わりに活用

ドライシャンプー

お湯なしでシャンプーができる。髪につけてマッサージするだけでサッパリ。髪を乾かすのが面倒なときにも便利

メイク落としシート

シートタイプで簡単にメイクを落とせる

電動歯ブラシ

普通の歯ブラシより時短で磨くことができる

マウスウォッシュ

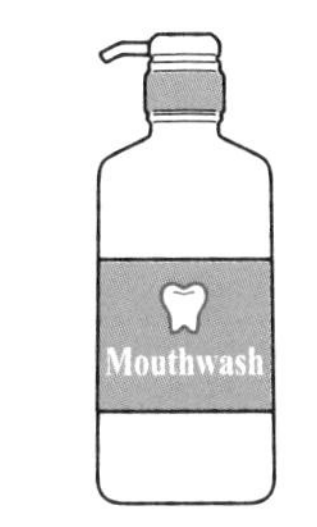

簡単に口内洗浄をしてくれる

労だ。前はやらないと気持ちが悪かったのに、今はそういう感情も抱かない。あー面倒だな。」このような状態が続いている人は要注意だ。もしかすると**セルフネグレクト**（自己放任）かもしれず、身体の疲れよりも、心が疲弊している可能性がある。

セルフネグレクトとは、精神的な不安やストレスから自分自身に関心がなくなり、日常生活を行わなくなることだ。食事、お風呂、歯磨きなど、以前はやっていたことが、最近何となく疲れてできなくなってきた人は要注意だ。セルフネグレクトは自分で自分をいじめる自傷行為の一種だ。兆候を感じたら早めに対策をとろう。

心当たりがある人は、99ページの「セルフネグレクトチェックリスト」を使って、傾向を調べてみよう。5つ以上当てはまった人は要注意だ。もしくは、ここ最近当てはまる項目が増えてきた人も気をつけよう。早めにサインを感じることで、ケアしやすくなる。

セルフネグレクトに気づいたら？

セルフネグレクトは悩みや不安、人間関係の希薄さが原因となる場合がある。人と会うのが億劫で、休日は引きこもりがちな人も、**思い切って外に出て誰かと会い、気分転換を図った**ほうが、家での活力が湧いてくることがある。

学校や会社の人と休日に会うと疲れてしまうのなら、趣味の仲間と会ったり、当事者会に出向いたりしてもいいだろう。利害を気にせず気楽に会話することでリフレッシュできる。筆者も元々引きこもりがちでインドアな人間であるが、当事者会を主宰し、1カ月に一度は見知らぬ人と話すようになったことで、むしろ日常生活の活力が湧くようになった。人見知りでも気兼ねなく話すことができるのは、発達障害という共通項があるからだろう。

ヘルプを出す

自分の状況が悪化すればするほど、人は誰かに助けを求めることができなくなってしまう。家が少し散らかっている程度であれば、誰かに頼んで片付けを手伝ってもらおうと思うことができるかもしれないが、相当散らかっているときは誰にも部屋を見られたくないという気持ちが強くなり、ヘルプを出しにくい。

片付けに限らず、自分の困りごとが深刻化すればするほど、誰かに頼ること、そして誰かに迷惑をかけてしまうことに対する恐れが、ヘルプを出せない原因となるのだ。

そんなときは、**「自分は今ヘルプが出せないほど、困っている状況だ」という自覚を持つこと**が大事だ。ほとんどの人は困っているときは視野が狭く、「何とかせねば」という自責ばかりに気がいってしまい、自分の状況を俯瞰できていない。セルフネグレクトのチェック項目が8個以上当てはまった人は、まず誰かに相談するところから始めてほしい。

家族や友人に頼ることができない人は、行政や自治体を頼ってもよいだろう。無料のホットラインを活用し、まずは声を上げるところから始めてみよう。

セルフネグレクトの改善方法

● 思い切って外に出てみる

人間関係の希薄さが原因となる場合があるため、思い切って誰かと会い、気分転換をすると家での活力が湧いてくることがある

● 趣味の仲間や当事者会に参加する

利害を気にしないで済む相手や、発達障害という共通項がある人と話すことで日常生活の活力が湧いてくることがある

● 自分が困っている状況と自覚する

困っているときは視野が狭くなり、自責ばかりに気が行ってしまうため、自分の状況を把握し俯瞰できるようにする

● 誰かに相談してみる

誰かに迷惑をかけてしまう、という考えからヘルプを出さないのではなく、まず相談してみる。家族や友人に話せないときは、行政や自治体を頼ってもよい

セルフネグレクトチェックリスト

- ☐ 郵便ポストの中を確認しない。郵送物やチラシなどで郵便ポストがパンパンになっている
- ☐ お風呂に入るのが面倒で、気を抜くと数日入らないこともある
- ☐ ゴミ出しが面倒で、かなりたまっている
- ☐ 部屋ではベッドやこたつなど、横になれる場所でほとんどの時間を過ごしている。トイレに行く以外はほとんど立ち上がらない
- ☐ 休日でも買い物や用事を済ませにいかず、家でゴロゴロ過ごしがち
- ☐ 身体に不調をきたしていても病院に行くのが億劫で、あまり行かない
- ☐ ゴミ箱まで捨てに行くのが面倒で、取りあえず適当な場所にゴミを置いてしまう
- ☐ 歯磨きも気が進まないので、日によってはまったくしない
- ☐ 役所の手続きや請求書の支払いなど、やらなくてはいけないことがなかなかできない
- ☐ スマホの通知を見るのが嫌で、返事をしなくてはと思いつつ数日放置してしまう
- ☐ 動きたくないので、ご飯を食べない。もしくは栄養を考えずに適当に宅配やインスタントで済ませてしまう
- ☐ 昼夜逆転や1日中寝ているなど、生活リズムが乱れている
- ☐ 掃除らしい掃除を最後にしたのがいつか思い出せない

睡眠の悩みを何とかしたい！

- 便利ガジェットで睡眠の質を改善
- 夜の寝付きをよくするために日中から意識する

事例 寝ても寝ても眠い！

授業中、会議中、ご飯を食べている最中、果ては車を運転している最中……。「ここで寝たらダメ」とわかっているのに、唐突な眠気に襲われて耐えられない。

反対に夜になると変に覚醒してしまい、ベッドに入ってからスマホをいじること2時間。もう寝なきゃいけないとわかっているのに、全然眠くない。

怖いのは翌朝だ。爆音のアラームのスヌーズ3回目くらいでようやく目が覚める。爆音なのに最初の2回は鳴っているのにも気づかなかった。起きた瞬間に疲れが残っている感覚があり、スッキリしない。

週末は寝だめするためにアラームをかけず、存分に寝ようとする。目が覚めたのはお昼すぎで、散々寝たはずなのになぜか眠いしだるい。仕方なく1日中ベッドでゴロゴロして、結果かなりの睡眠時間を確保した。それなのに、月曜の朝に起きるのはつらい。何で？

原因 体内時計が狂いやすい

早寝早起きといった、**規則正しい生活を送ること**は発達特性を持つ人にとってハードルが高い。過集中でいつの間にか思っていたよりも時間が過ぎている。また、過敏で刺激を受けやすいことが自律神経の乱れにつながり、睡眠に影響を及ぼすなど、発達特性が起因となることが多々あるのだ。「眠ってはいけない」という気持ちから日中大量にカフェインを摂取し、それが夜の睡眠に悪影響を及ぼすこともある。

発達民は**二次障害で睡眠障害を抱えている**人が多い。睡眠障害から、翌日も体調がふるわず、ミスや居眠りをしてしまい、不安や緊張から夜に熟睡できないというループに陥ることもある。

工夫しても睡眠の悩みが尽きない人は、睡眠のプロフェッショナルである睡眠外来に相談してみよう。

解決法 便利ガジェットで睡眠の質を改善

アラームが鳴ってもなかなか起きられない人は、目覚まし方法を変更してみてはどうだろうか。光の目覚まし時計はアラームタイプよりも不快感なく目覚めることができ、体内時計もリセットされる。

特にお勧めは**Amazon EchoShowシリーズ**だ。スマートスピーカーにスクリーンがついているタイプで、アラームの時間が近づくにつれて徐々に画面が明るく&アラーム音が大きくなって、優しく起こしてくれる。

また、スマホと連動させて使用するウェアラブル端末は、腕時計のように手首に装着し、健康状態を測定してくれるだけでなく、睡

Column

スマートスピーカーディスプレイは優秀な秘書！

スマートスピーカーには他にも便利な機能が多数あり、発達特性を持つ人には必携のガジェットだ。今日の天気、ニュース、好きな音楽をかけることはもちろん、スケジュール帳と同期することで今日のスケジュールを教えてもらえるし、簡単にTo Doを声で入力できるため、やることが抜けやすい人にはまさに救世主だ。

「アレクサ、リマインダーを入れて」と声をかけるだけで、簡単に設定できるので、メモをとったり、スマホに入力したりする手間が不要だ。似たような製品はアマゾンだけでなく、グーグルや他のメーカーからも出ている。「スマートスピーカー ディスプレイ」で検索してみよう。

Amazon Echo Show

眠の浅いタイミングで振動により起こしてくれるため、周囲に迷惑をかけずに起きることができる。

夜の寝付きをよくする工夫

夜の寝付きをよくするために、日中から意識したいことがある。それは**日光を30分以上浴びること**だ。太陽光を浴びるとセロトニンが分泌され、セロトニンは夜になると眠気を促すメラトニンと呼ばれる睡眠を促す成分へと変化するため、夜の寝付きがよくなる。ちなみにセロトニンは幸せホルモンと呼ばれ、うつ病予防にも効くとされている。日光以外では、ダンスやジョギングなどのリズム運動でも増加するといわれている。

眠りに効くサプリメントを摂取する方法もある。即効性は低いが、不足している栄養素を補給し、徐々に体質を改善していける。不規則な生活で栄養不足なときに活用してみよう。

また、**コーヒーは夕方以降に飲むのは控えたほうがよい**だろう。カフェインは4～6時間程度効果が継続するため、夕方以降に飲むと夜の寝付きが悪くなるからだ。

身体を冷やさないことも大切だ。人は体温が下がり出したときに眠気を感じるため、最初から身体が冷えてしまっていると体温が下がる余地がなく、眠気が訪れにくい。入浴を就寝2～3時間前にすると徐々に体温が下がる中で眠気が出てくるのでお勧めだ。

就寝の1時間前には部屋の電気を全体的に暗くすることも効果的だ。目安として通常時の半分くらいの明るさにするとよい。目から入る光の量が少ないほどメラトニンの増加が促される。

雑音が気になって眠れない人は、**ホワイトノイズ発生器を利用**

眠りに効くサプリの例

GABA：ストレスを軽減する成分

グリシン：睡眠の質を高めるとされるアミノ酸の一種

トリプトファン：必須アミノ酸の1つ。セロトニンのもとになるといわれている

メラトニン：睡眠と覚醒のリズムを調節する働きのあるホルモン

クワンソウ：沖縄で「眠り草」と呼ばれる植物から取り出した成分

する方法もある。ホワイトノイズはアナログテレビの砂嵐のような「サー」という音に近く、他の騒音を遮断し、睡眠誘導や集中力を高める効果があるといわれている。外のサイレンの音や家族がテレビを観ている音がうるさいなど、睡眠を妨げる騒音を防ぎ、眠りに導く。マーパックのスリープ・ミーが代表的な商品だ。7千円前後で購入できる。

ハーブティーや白湯を寝る前に飲むことも効果的だ。白湯はゆっくり飲むと体温が上がり、安眠に導いてくれる。デトックス効果があり、美肌効果も期待できる。ハーブティーはYogi TeaのBed Timeや、CELESTIALのSleepytimeがお勧めだ。リラックス作用があり、眠りへと誘ってくれる。

難しい本を読んでいて眠くなった経験がある人も多いだろう。それを利用し、**枕元には難しい哲学書などを置いて、眠れないときに読む**とよい。スマホをいじる人も多いが、スマホから発生するブルーライトは覚醒を促すため、寝る前の習慣として好ましくない。

難しい本を読むと脳内で苦痛を取り除くβエンドルフィンという物質が分泌される。この物質には鎮痛効果などがあり、眠気につながることがわかっている。

原理は異なるが、読むだけで眠くなる本も発売されている。これは眠たくなるようにメタファーと呼ばれる自己暗示が文章に散りばめられており、読んでいるうちに不思議と眠たくなるというものだ。『読むだけで深〜い眠りにつける10の話』や、子ども向けだと『おやすみ、ロジャー　魔法のぐっすり絵本』もお勧めだ。

眠れなくても目を閉じて横になっているだけで脳は休憩モードに入るため、「眠れない。どうしよう」と慌てることなく、リラックスして布団に入ろう。

睡眠に関する悩みは睡眠外来で

睡眠障害といっても不眠・過眠など症状もさまざまで、原因も心因性であったり、身体由来であったりと、その悩みは症状も原因も人それぞれだ。心療内科や精神科で受診する人も多いが、原因がわ

『読むだけで深〜い眠りにつける10の話』菊地克仁 著、白川修一郎 監修（あさ出版）

『おやすみ、ロジャー　魔法のぐっすり絵本』カール＝ヨハン・エリーン 著、三橋美穂 監修（飛鳥新社）

からない場合は睡眠治療に特化した**睡眠外来に相談する**のもよいだろう。日本睡眠学会のホームページで専門医を探すことができる。

筆者は寝ている間も多動であり、激しい寝相と大声での寝言症状、および入眠時の足のムズムズ感があるが、睡眠外来で処方された薬を服用したところ、症状が緩和された経験がある。

自分の睡眠の質を知りたい人は、スマホアプリ「Sleep Meister」で測定することもできる。睡眠の浅いタイミングを見計らってアラームを鳴らす機能の他に、睡眠の質をグラフ化・数値化して分析してくれたり、いびきや寝言を録音してくれたりする機能もある。前述のウェアラブル端末やアップルウォッチのようなスマートウォッチを用いることで、より詳細に睡眠の分析ができるほか、「安眠チェッカー」という手に貼るタイプのパッチでも測定可能だ。

Sleep Meisterの設定方法

1 音楽や音量などアラームを細かく設定する

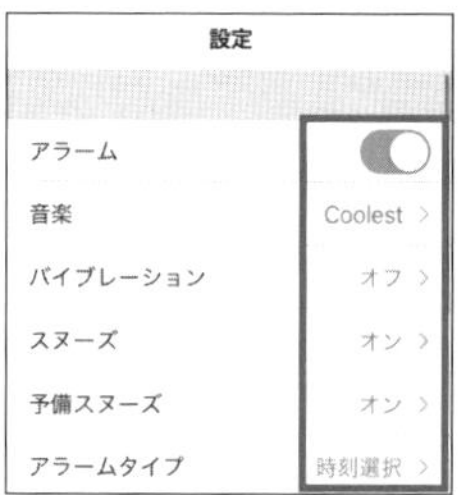

2 起きたい時間を設定し❶、STARTをタップする❷

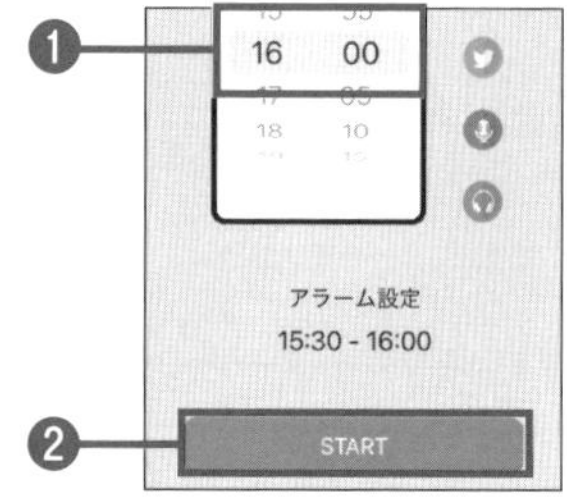

3 枕の横にスマホを置いて横になる

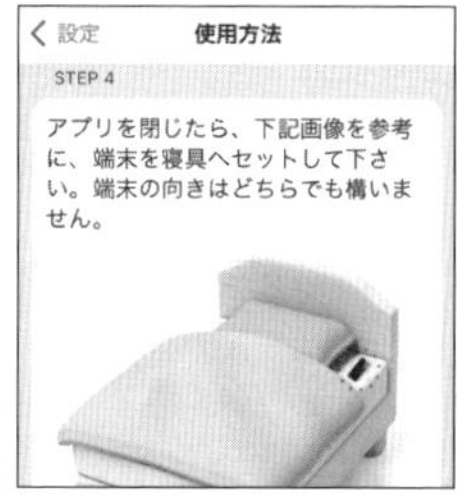

夜の寝付きをよくするために

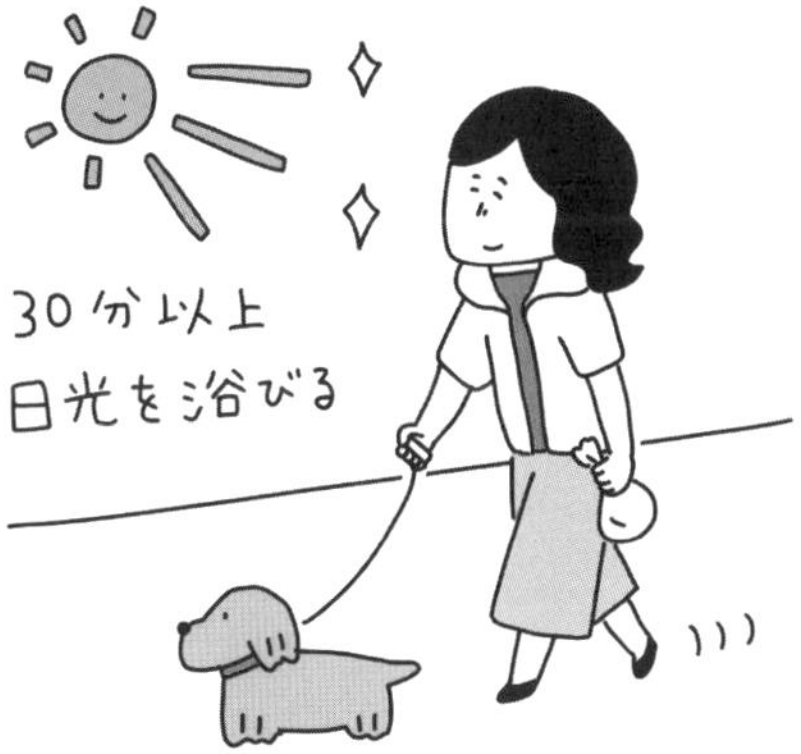
30分以上
日光を浴びる

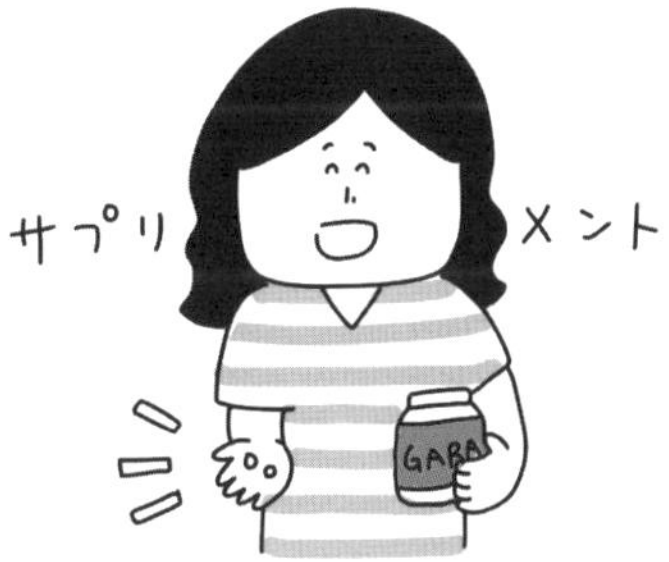
サプリメント
GABA

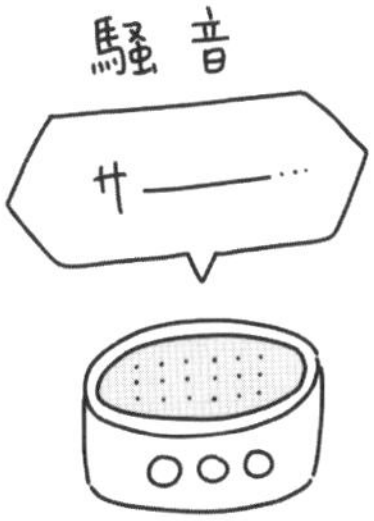
騒音
サ——…

騒音対策に
ホワイトノイズ発生器

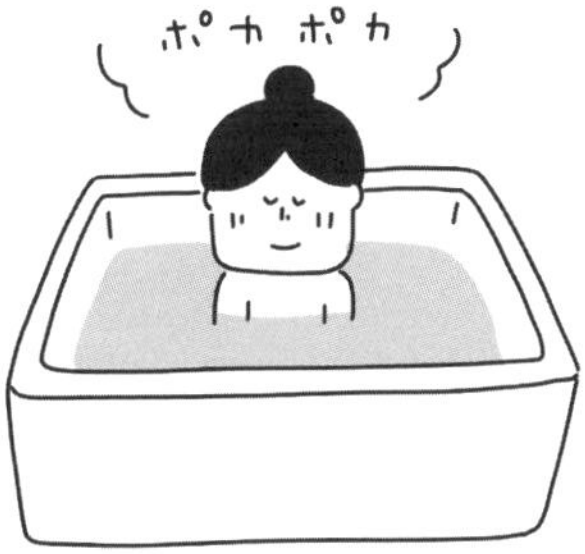
ポカポカ

体を温める

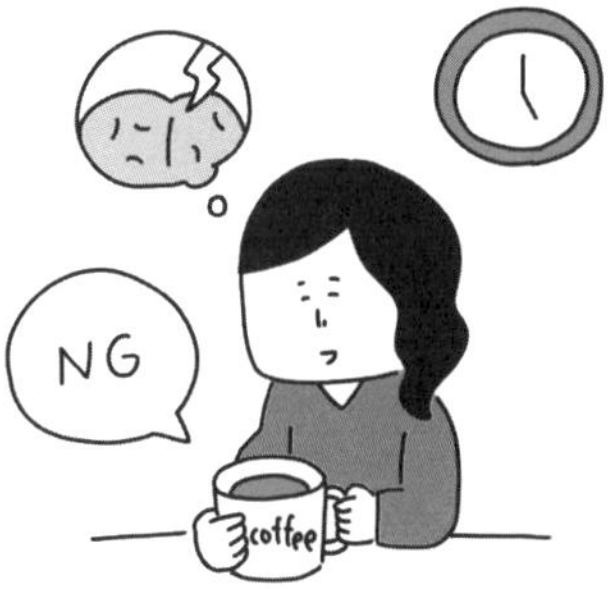
NG
coffee

コーヒーは
夕方以降はNG！

ウト…
哲学

難しい本を読む

ハーブティ
リラックス
白湯
デトックス

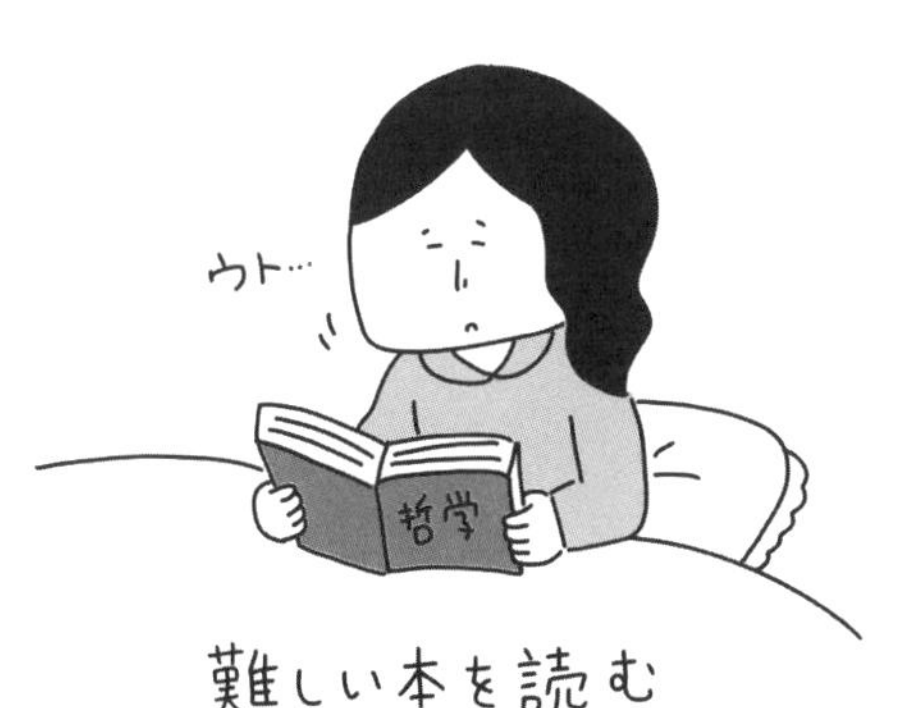

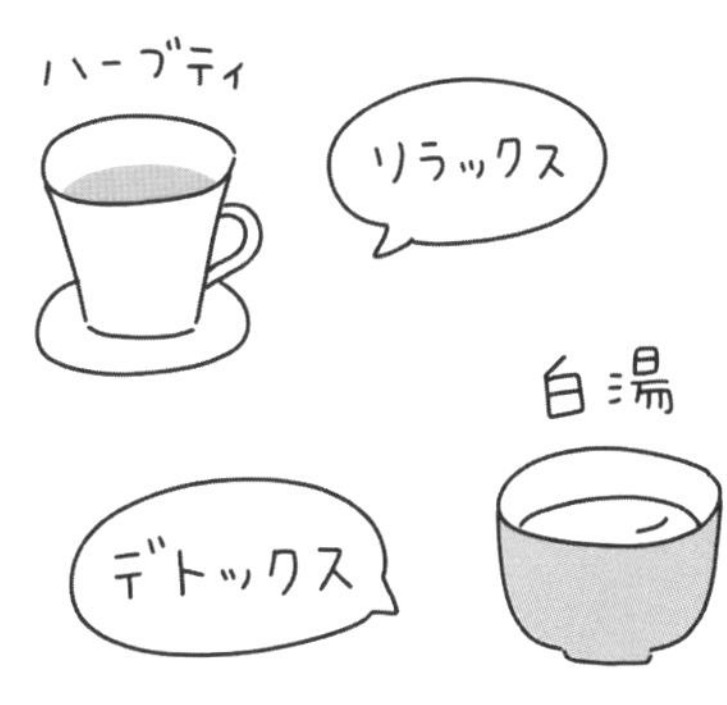

お勧めの飲み物

睡眠をよくする習慣の1日スケジュール

	内　容	メ　モ
7:00	光る目覚まし＆スマートウォッチの振動でストレスなく起床。カーテンを開けて日光浴。今日は晴れてて気持ちがいい！ 昨日の睡眠の質をアプリで確認しよう。スコアで出るからわかりやすいな。 **お勧め目覚まし** 画面付きスマートスピーカー スマートウォッチ、ウェアラブル端末 光る目覚まし時計	• スマホの大音量のアラームは急に交感神経を刺激するため、疲労につながる。 • 光や自然な音を利用して目覚めるのがお勧め • リクライニングが徐々に立ち上がり起こしてくれるベッドもある • リストバンド型のウェアラブル端末や、スマートウォッチのバイブレーションもよい • 眠りの質を測定してくれるので、眠りの浅い時間に目覚ましをセットすることもできる • 朝に日光を浴びると体内時計をリセットし、目覚めさせてくれる • 日光を浴びることで生成されるセロトニンホルモンは、快適な睡眠を促すメラトニンのもとになる • 朝起きて、活動開始するまでに15〜30分は日光を浴びるように意識しよう。
7:05	スマートスピーカーに今日の予定を教えてもらう。あ、そっか、今日は郵便局に寄らないといけなかったっけ。	• スマートスピーカーはスケジュールや天気も教えてくれる超優れもの • 朝のうちに1日のスケジュールを確認し、心にゆとりを持とう
	今日は余裕があるから、朝ご飯はしっかりめに食べよう。おみそ汁、ご飯、卵焼き、納豆。うーん、おいしい！	• 朝食はなるべく食べよう • 朝ご飯を食べることで胃の動きが活発になり、自律神経も目覚める • 起床後1時間以内に食べるのがお勧め • 朝食にはトリプトファンが含まれているものを選ぼう • トリプトファンはセロトニンという自律神経を整える脳内ホルモンを作るもとになる • 乳製品や大豆製品に多く含まれている • バナナも手軽にトリプトファンを摂取できる
8:30	通勤中はスマホを見ずに目の休憩タイム。読みたい本はオーディオブックで聴いて、のんびり過ごす。	• スマホによる目の疲れやブルーライトは睡眠に悪影響を及ぼすので、意識してスマホ休憩時間を作ろう

	内　容	メ　モ
10:00	仕事に集中していたら、スマートウォッチに「座りすぎアラート」が。休憩がてらちょっと外の空気を吸いにいこう。	• 日光を浴びるとセロトニンが作られる • このセロトニンは夜に睡眠を促すメラトニンのもとになる
12:30	お昼ご飯の後は目を閉じて15分だけお昼寝。これで午後からも頑張れそう！	• 昼寝は脳の疲れをとってくれ、効率アップにつながる • 昼寝の時間は15時まで＆30分以内には起きること • これを守らないと体内時計が狂い、睡眠効率が下がる • 眠れなくても目を閉じてゆっくり呼吸するだけでも有効
15:00	午後の休憩はカフェインレスのルイボスティーにしよっと。	• 夜の睡眠に影響を及ぼすので、できれば15時以降はカフェインを控えよう
18:00	仕事も終わったことだし、軽く散歩しながら帰宅。今日もお疲れ様。	• 激しすぎない適度な運動は睡眠の質を向上させてくれる
19:00	晩ご飯は鶏胸肉を使った料理。疲れに効くし、おいしい！	• 晩ご飯は就寝3時間前には済ませよう • こってりしすぎるものは消化の負担となり、睡眠の質を下げるのでほどほどに • 鶏胸肉に含まれるイミダペプチドという成分が疲労によく効く
21:00	40℃のお湯で15分の半身浴。この時間が至福のときだな〜。	• 入浴は就寝の1〜2時間前に行うのがベスト • 寝る時間に体温が下がり、自然と眠くなってくる
22:00	スマホが自動でナイトモードに切り替わった。もうこんな時間か。お風呂上がりのストレッチでもしてゆっくり過ごそう。電気も間接照明に切り替えると、ちょっと眠くなってきたかも。	• 就寝前は強い光を避けて、間接照明に切り替えよう • 身体が寝るモードに切り替わっていく
23:00	スマホは机の上で充電し、エアコンのタイマーをセット。ベッドに入っておやすみなさ〜い！	• ベッドは寝るとき以外は使わないようにすると、いざベッドに横になったときに身体が就寝モードに切り替わってくれるようになる • スマホを持ち込んでゴロゴロしてしまうとメリハリがつかなくなるので注意 • 夏や冬はエアコンのタイマーをセットしよう • 温度調整のために身体が十分に休まらなくなるので、就寝中の室温設定は重要だ

突然体調不良になってしまう

対策

- スマートウォッチやウェアラブル端末で体調管理を
- 週に1日は何もしない日を作る
- 自分に合う疲労回復手段を見つける

事例　昨日までは確かに元気だったのに……

昨日までは元気だったのに、今日は一歩も動けない。熱が39度もある。全然予兆がなくて気づかなかった。大切な仕事があるけれど、今日はどうしても行けないな。

友達からも「ドタキャン多いよね」と指摘されるが、本当にギリギリまで体調不良に気づかない。数日前に「最近調子悪いから、今度の予定リスケできないかな？」と言えたらいいのに、いつもギリギリになってしまう。これじゃあどんどん信頼を失ってしまうんじゃないかと不安だ。

原因　感覚鈍麻で疲れに気づきにくい

ASDタイプの特性として感覚過敏はよく知られているが、実はその逆の**感覚鈍麻**も存在する。通常であれば気になるような痛みや刺激に対して鈍感であることをいう。

「ちょっと疲れてきたかも？」「最近風邪気味かな？」という些細な体調の変化に気づかず、気づいたときには寝込んでしまうほど体調が悪化している人は、疲れや自分の体調に関して感覚が鈍い傾向にある可能性が高い。

解決法　スマートウォッチやウェアラブル端末で体調管理を

スマートウォッチやウェアラブル端末を利用して疲れを可視化する方法がある。スマートウォッチであれば、アイフォンを使っている人はアップルウォッチ、アンドロイド端末を使っている人はフィットビットがお勧めだ。

歩数や消費カロリーを測定してくれる活動量計や睡眠状況のモニタリングといった機能がついているので、「今日はどれだけ活動して、睡眠の質がどうだったか」を数値で確認することができる。目に見えない疲れと睡眠の質を可視化できるので、自分がどれくらい体力を消耗しているかがわかり、体調不良に至る前に「今日は無理しないでおこう」とセーブするきっかけになる。疲れに気づかず突然寝込んでしまう人はこういったガジェットに頼るのも手だ。

スマートウォッチは健康状態のモニタリングだけでなく、スマホの通知やGPS、おサイフ機能、音楽再生などさまざまな機能を有しているものが多い。スケジュールやリマインダーもお知らせしてくれるので、忘れっぽい人は機能が充実しているスマートウォッチを購入するとよいだろう。

ただ、高性能なスマートウォッチは数万円するので、「健康管理だけでいい」人はバンドタイプのウェアラブル端末を選択するのも手だ。スマートウォッチほどさま

スマートウォッチまとめ

ウェアラブル端末バンドタイプ		スマートウォッチ	
・スマートウォッチより価格が手頃なタイプが多い ・数日～数週間連続使用できるものが多いので、充電の手間が少ない ・細くて軽いものが多いので装着感がよい		・バンドタイプに比べるとかなり多機能 ・電話やLINEなどの通知をチェックできる ・決済機能もあり、スマホを取り出す手間が少なくて済む	
〈vivosmart〉 ・Android、iOS ・1万8,000円程度 ・バッテリーは約1週間 ★測定機能に特化、エネルギーレベルやストレス値もわかる	〈Mi Smart Band〉 ・Android、iOS ・6,000円程度 ・バッテリーは約2週間 ★通知もチェックでき、値段が手頃なので初心者にお勧め	〈Fitbitウォッチタイプ〉 ・Android、iOS ・2万～3万5,000円程度 ・バッテリーは数日 ★AppleWatchとほぼ同じ機能で値段は抑えめでコスパがよい	〈Apple Watch〉 ・iOSのみ ・2万1,000～6万円程度 ・バッテリーは約18時間 ★iPhoneユーザーには文句なしの高性能だが、値段が高め

ざまな機能はついていないが、手軽な価格にもかかわらず、しっかりと体調のモニタリングを行ってくれて、安価なものが多い。電池が1～2週間もつものも多く、充電する手間が少ないのも魅力だ。

週に1日は何もしない日を作る

自分の疲れが見えにくい人は、疲れが出ていなくても**強制的に休む日を作る**作戦も有効だ。何もしない日は買い物や家事も極力行わず、ひたすら眠ってダラダラすることで疲れが回復する。

たいした予定でなくても、予定が1件入っているだけで、逆算して出かける支度をし、服を選び、身だしなみを整え、地図で検索し……と考えることがどっと増える。

何も予定を入れないことで、何も考える必要がなく、ぐっとストレスが減る。気が向いたら散歩に行くなど、自分のペースで動けばいい。予定がないとつい用事を入れてしまう人や、「明日は何もないから勉強するぞ」と意気込んでしまう人も、体調管理は重要なタスクなので、「何もしない」というタスクを自分に課して、しっかりと疲労回復することが大切だ。

自分に合う疲労回復手段を見つける

疲れてしまってもすぐに回復できれば何の問題もない。**自分に合う疲労回復手段を見つける**ことが重要だ。

肉体的な疲労は筋肉痛や筋肉の張りなど、身体で感じる疲れだ。筋肉の疲労回復にはタンパク質、炭水化物、ビタミン、ミネラルをバランスよく摂取しよう。

また、運動中であればBCAA

疲れに効く飲み物

飲み物	効　果
甘酒	疲労回復、美肌効果（※ただし飲みすぎに注意）
ミントティー	鎮痛効果、イライラしたときに
ジャスミン茶	リラックス効果、集中力アップ
びわ茶	クエン酸効果で疲労回復
マテ茶	疲労回復に効果的なビタミンやミネラルが豊富

出典：モチラボHP「カウンセラーが効果を認めたタイプ別ストレス解消法21種」をもとに作成
URL:https://motivation-up.com/whats/stress.html

と呼ばれる分岐鎖アミノ酸が含まれているアミノバリューやヴァームなどを飲むことで肉体疲労が緩和される。肉体疲労は休養・睡眠・食事で自然と回復していく。

精神的疲労は人間関係の悩みやストレス、不安などから元気がなくなり、食欲や睡眠欲が減退し、ひいては身体不調にもつながる。不安やストレスを根本からなくすことは難しいが、自分なりのストレス発散手段を身につけ、体調不良につながる過度なストレスは解消していく必要がある。

疲れ具合によって飲み物も変えてみよう。身体が疲れていたらクエン酸豊富なびわ茶を飲み、精神的に疲れてイライラしているときはミントティーでリラックスしてみるなど、自分の疲労に合わせて飲料を選ぶとよい。忙しいときほどティータイムでリラックスする時間を設けて、この後の活力を養おう。

他の人にとってストレス発散になることが、自分にとってはかえってストレスになる場合もあるため、自分にとってどんなストレス解消法が適しているかは、111ページの「**タイプ別ストレス解消法**」を参考にしてほしい。たとえば、頭の中が多動の人は、瞑想やマインドフルネスが脳の疲れを解消してくれるので効果的だ。

大事なのは睡眠時に不安やモヤモヤを抱えないことだ。抱えてしまうと睡眠の質が下がり、肉体疲労につながる。寝る前にモヤモヤを書きなぐることでスッキリする「**モヤモヤノート**」作戦や、自分の中の黒い感情を風船に入れて飛ばすイメージをする風船イメージ作戦が有効だ。モヤモヤノートについては113ページに例を掲載しているので参考にしてほしい。

疲れは脳からきている！

脳疲労は一番自覚しにくいが、**疲れの根幹をなす重要なファクター**だ。すべての疲れには脳の自律神経が大きく作用している。自律神経は心身の状態を一定に保つため、呼吸や心拍数を常に調節する役割を担う神経だ。過労やストレスで、過度に自律神経が活動すると大量の活性酸素が発生し、この活性酸素が神経を傷つけるため、疲労感が生まれるといわれている。

114ページに挙げた項目は脳疲労に直結しやすいので、チェックリストで一度確認してみよう。

脳の神経疲労に効く成分として有名なのはイミダゾールジペプチドという成分だ。鶏胸肉やマグロの赤身に豊富に含まれている。手軽に摂取したい場合はイミダペプチド飲料やサプリメントからの摂取も可能だ。

モヤモヤノートの例

また仕事押し付けられた！！！もう嫌だっつーの！！疲れたよ～～！！

給料もっと上げてよ～～～！入社して10年以上経つのに全然給料上がってないんだけど！何で課長は評価してくれないのさ?!ほうれんそうほうれんそうって言われてももういっぱいいっぱい～～～～わかってほしいのに～～～もう疲れた！

ランチ約束してたの忘れててお弁当作ったのに無駄になっちゃったよ～！見栄を張らずに謝って素直にお弁当食べればよかった～～～も～～～～～！！！

せっかく誘ったのにまた断られたよ！ムキーーー！全然返信も返ってこないし、もういいもんね！知らない知らない！ムカつく～～！何かいつもこっちが誘ってる気がするし、何かあったら予約するのはこっちだし、いいように使われてる気がする！たまにはそっちがやってくれたっていいのに～～！あんまり大事にされてないって思うけど、やっぱりまだ好き！悔しい～～～。

【モヤモヤノートの書き方】

- 心にあるモヤモヤをそのまま書き出すことを重視
- 字の汚さや誤字脱字は気にせず、漢字を使わなくてもよい。心の声のスピードに置いていかれないように汚くてもとにかく書き出す
- 思いっきり負の言葉を使ってもOK。過激な内容を書いた人は書いた後にノートをビリビリに破いてストレス発散＆証拠隠滅しよう

脳疲労チェックリスト

- □ 仕事や家事でマルチタスクを要求される
- □ 将来のことを考えてしばしば不安になる
- □ 過去の出来事を思い出してネガティブな気持ちになる
- □ タスクは切りのいいところまでやらないと気が済まない
- □ 時間や周囲の状況を忘れるぐらい集中した（過集中）
- □ 疲れたら栄養ドリンクやサプリで何とか乗り切る
- □ 遅くまで残業しても苦にならない
- □ 熱めのお湯で長風呂する
- □ 休日は遠くへ出かけたり、1日中予定を詰め込んだりする
- □ 身体を動かしていないのに、疲れてヘトヘトだ
- □ なかなか寝付けない、寝ても夜中に何度か目が覚める
- □ ここ最近は便秘がちだ
- □ ご飯がおいしいと感じない
- □ 漠然と不安を感じる、もしくはイライラする
- □ 集中できず、映画やドラマなどを1本続けて視聴できない

1つでもチェックがつく人は脳疲労がたまっている可能性がある。解決法で記載した疲労回復手段を用いて、しっかりとリフレッシュしよう。

また、脳疲労度をチェックできるサイトもあるので、そちらも参考にしてみよう。

【脳疲労概念　BOOCS公式サイト】
https://boocs.jp/check/

脳疲労度チェック

あなたの脳疲労度と生活習慣病を診断します。

A.まずは以下にお答え下さい。

体調管理のための工夫

週に1日は何もしない日を作る

スマートウォッチや
ウェアラブル端末で体調管理

脳疲労を自覚する

自分に合う疲労回復手段を見つける

におい、音、光とさまざまな刺激から疲れてしまう

○自分の過敏に気づき、防御策を身につける
○便利グッズを活用して防御力をアップする

事例 日常生活は刺激だらけで疲れてしまう

通勤電車に乗り込んだ瞬間、車内のにおいの衝撃に思わず息を止める。今日は一段と臭い。マスクをしているのに……。だからといって口呼吸するのも嫌だし、何とか細い息で耐えしのごう。

口臭や体臭が無理なのはもちろんだけど、今日は柔軟剤の甘いにおいが充満していて、なんだか気持ち悪くなってきた。会社に着くまで耐えられるだろうか。

会社に着いたら、今日はやたらオフィスがまぶしい。何やら蛍光灯をLEDライトに変えたらしい。この明るさの中でPC画面を見ていると、目がチカチカしてくる。みんな、何で普通にPC作業ができるんだろう。

さらに今日はちょっとしたトラブルが発生したみたいで、部署内が騒がしい。自分に話しかけられたわけでもないのに、会話がダイレクトに耳に入ってきて集中できない。最近導入された新しいコピー機の音も気になる。

しかも、今日着ているインナー、タグをとってくるのを忘れてしまった。もうチクチクして気になる。後でトイレでタグを切らなきゃ。

原因 ASDの特性の1つ、感覚過敏

ASDの特性の1つに**感覚過敏**がある。視覚・聴覚・触覚・味覚・嗅覚といったいわゆる五感で受け取る感覚が、人よりも過剰に感じられてしまう特性で、「嗅覚

だけ過敏」という人もいれば、複数の感覚過敏を有する人もいる。

もちろん、ASDの人すべてが感覚過敏を有しているわけではないが、割合として多く存在している。先天的に感覚過敏を有している人にとっては、過敏に感じる世界が普通であり、「他の人はそこまで刺激を受けていない」ことに長い間気づかない人もいる。

感覚過敏の人は多くの刺激を受け取ってしまい、生活しているだけで疲れてしまうケースも多い。そもそも過敏に気づいていない人は対策をとっていないので、自分でも気づかないうちにもろに刺激を受けている場合もある。

また、自分が過敏であるという自覚がある人でも、不快な感覚にある種の慣れを持ってしまい、ちょっとの我慢で乗り切れてしまう人は、そのちょっとが積み重なり、ストレスや疲れにつながるケースもある。

自分の過敏に気づき、防御策を身につける

まずは自分の過敏を自覚し、対策グッズで防御しよう。次ページの項目に当てはまるものがあれば過敏かもしれない。自分の苦手な感覚を理解することで、適切な対策が立てられるだけでなく、周囲の人へ発信する際にも役立つ。

たとえば聴覚過敏の人であれば、換気扇、冷蔵庫、時計の秒針など小さな音が気になる、掃除機の音や、赤ちゃんの泣き声が頭の中で割れんばかりに響く、雑音の中での会話が難しいといった特定の音に対する強い拒否感や些細な音でも気になってしまうという特徴が挙げられる。

視覚過敏の人であれば、「繁華街のカラフルな看板を見ると目がチカチカする」といった色彩や柄に対する過剰な反応や、「カメラのフラッシュがすごく苦手」「真っ白なノートはまぶしくて文字が見えにくい」といった光に対する過敏という特徴が挙げられる。

嗅覚過敏であれば、「香水や柔軟剤といった特定のにおいが苦手で、嗅いでいると頭痛が生じたり、気分が悪くなったりする」といった一般的にいいにおいとされるものに対しても強い拒否感が出るという特徴や、「臭いと感じたら我慢できずに鼻を覆ってしまう」くらいのにおいに対する我慢できない強い抵抗が特徴として挙げられる。

過敏チェックリスト

【聴覚過敏】
- □ 換気扇、冷蔵庫、時計の秒針など小さな音が気になる
- □ 掃除機の音や、赤ちゃんの泣き声が頭の中で割れんばかりに響く
- □ 雑音の中での会話が難しい

【視覚過敏】
- □ 繁華街のカラフルな看板を見ると、目がチカチカする
- □ カメラのフラッシュがすごく苦手
- □ 真っ白なノートだと文字が読みにくい

【嗅覚過敏】
- □ 柔軟剤や香水など、特定のにおいが苦手で、嗅いでいると頭が痛くなったり、気分が悪くなったりする
- □ 臭いと感じると我慢できず、鼻を手で覆ってしまう
- □ においが無理で、外出先でトイレになかなか行けない

【触覚過敏】
- □ ニットのチクチクや、冬物のファーなどのモフモフや、タートルネックが苦手
- □ 握手といった人と触れ合う行為が苦手

【味覚過敏】
- □ 苦手な食べ物を間違って口に入れると、耐えられず吐き出してしまう
- □ 好き嫌いが多く、外食でメニューを選ぶのが大変だ

触覚過敏の人であれば、「ニットのチクチクや、冬物のファーのモフモフが苦手」といった特定の素材（肌ざわり）への拒否感や、「握手や人と触れ合うことが苦手」といった自分に触れられることへの抵抗が特徴として挙げられる。

味覚過敏の人はいざというときのためにエチケット袋は常に持っておこう。金属製の食器が苦手という人はプラスチック製の使い捨て食器を持ち運ぶという手段もある。外食時は店員さんにメニュー選びの際に相談したり、コース料理の場合は予約時の電話で相談もしくはネット予約の備考欄に書いておくと配慮してくれる場合もあるので、活用しよう。

また、薬を所定の量飲んだだけで、効果や副作用が出すぎてしまう薬過敏もある。過度な暑がりや寒がりで、なかなか適温を感じられない暑さ過敏や寒さ過敏など、気づきにくい過敏も存在する。

便利グッズ活用で防御力アップ

自分の過敏を自覚した上で、便利グッズや機能を用いて対策を立てていく必要がある。

聴覚過敏の人であれば、まずは拾う音を減らすことが大事であるため、耳栓、イヤーマフ、ノイズキャンセリングイヤホンといった**音を遮断してくれるグッズ**を身につけるとよい。

耳栓は手頃に購入できるメリットがある一方、耳の中への異物感が気になる人には向かない。そういう人にはイヤーマフというヘッドホンタイプの防音保護具がお勧めだ。ただ、イヤーマフはヘッドホンタイプであるため、大きく目立ってしまい、周囲にあらかじめ説明しないと「音楽を聴いている」と誤解されてしまう恐れがある。耳の中への異物感が気にならない人であれば、ノイズキャンセリングイヤホンという選択もある。値段が1万円台～数万円と高いが、圧倒的な消音効果がある。ソニーのWF-1000XM3がお勧めだ。

また、**気になる音が出るもとを絶つ対策**もある。椅子が床をゴロゴロする音が気になる人であれば、キャスターにテーピングを貼ることでゴロゴロ音が解消できることもあるし、キーボードのカチカチ音が気になる人であれば、キーボードカバーを装着して音を軽減することもできる。

反対に、気になる生活音をかき消すために**ホワイトノイズ**を発生させる方法もある。ホワイトノイズスピーカーが出すサーッというアナログテレビの砂嵐のような音は、雑音をかき消して集中力を上げてくれる。

視覚過敏の人であれば、**光や色彩の刺激を弱める対策をとる**とよい。具体的には、PCやスマホから発するブルーライトが苦手な人であれば、PCやスマホの画面設定を変更し、光量を調整したり、ブルーライトカットのフィルムをつけて刺激を弱めたり、自分自身がブルーライトカット眼鏡をかけたりして対策する方法もある。

スマホやPCにアンチグレアもしくはブルーライトカットのフィルムをつけてみると、かなり印象が変わる。視力のよい人であっても、度の入っていないブルーライトカット眼鏡をかけることで刺激を弱めることができる。強い光

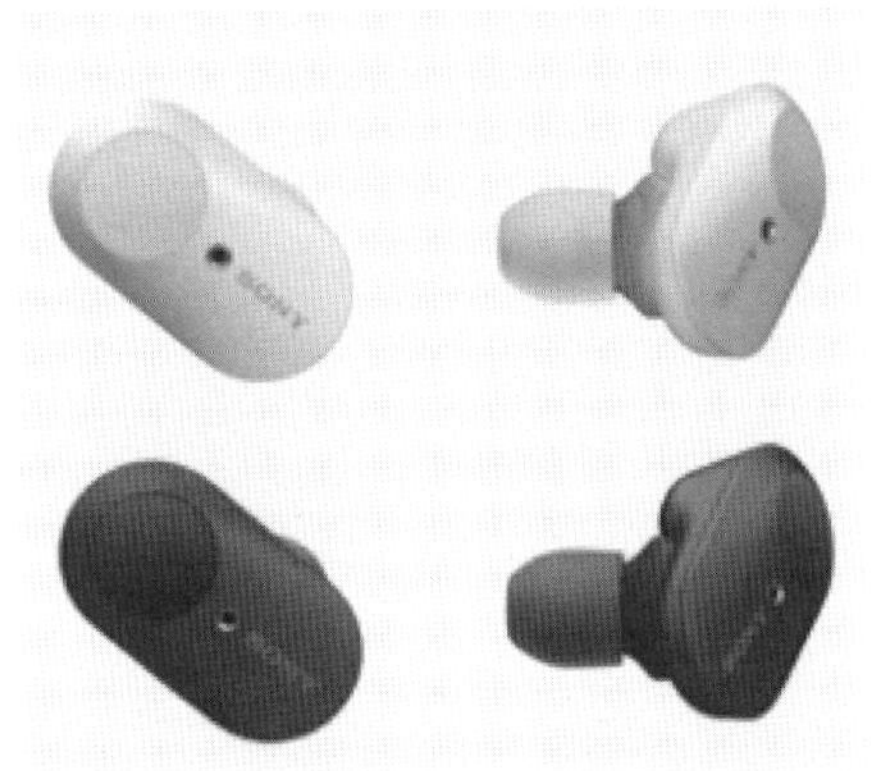

WF-1000XM3

感覚過敏対策グッズ早見表

タイプ	グッズ	効　果
聴覚過敏	イヤーマフ	• 耳当てタイプで外の音をシャットアウトしてくれる • 数千円程度
	ノイズキャンセリングイヤホン	• 外のノイズをカットしてくれる機能のイヤホン • 高性能なものはかなり高額
	耳栓	• 100均でも販売されている • 耳に詰まる感覚が嫌な人は要注意
	ホワイトノイズスピーカー	• ザーザーという音で生活音をかき消してくれる • 寝る際に雑音が気になる人にお勧め
視覚過敏	サングラス、眼鏡	• 目に優しい光だけを入れてくれる、偏光レンズがお勧め • PC作業が多い人はブルーライトカット機能が入っているものを選ぶとよい
	グリーンノート	• 優しい色で目に優しいノート • 真っ白なノートより14%も光の反射をカットしてくれる
	アンチグレアフィルム	• 反射光を抑えてくれるフィルム • スマホ用やPC用が発売されている
	遮光フード	• PCやモニターに取りつけ、PCに入る光をシャットアウトすることで見やすくする
触覚過敏	ソフトな布カバーシール	• チクチクするタグを覆ってくれる • 柔らかい素材なので刺激が少ない
	シームレス肌着、下着	• 縫い目がないので、縫い目がチクチクして気になる人にピッタリ • ブラ、パンツ、肌着などがある
嗅覚過敏	防臭・消臭マスク	• 消臭効果に特化したマスクも販売されている • 活性炭入りのマスクも消臭効果が高い
味覚過敏	エチケット袋	• 苦手な食べ物を間違って口に入れてしまったときにすぐ吐き出せる
	プラスチック製の使い捨て食器	• 金属製の食器が苦手な場合に取り替えることができる

の刺激をよりカットしたい人はサングラスや偏光レンズ（反射光をカットし、自然光だけを取り入れてくれるレンズ）、遮光レンズ（特定の数値以下の周波数の光をカットしてくれるレンズ）の眼鏡やサングラスを装着するとかなり光の刺激を抑えることができる。

また、職場の理解が得られるのであれば、**パーティションやPCの遮光フード**も有効だ。目に入る情報を受け取りすぎてしまう人であれば、パーティションで景色を区切ることで集中できる。

パーティションよりもハードルが低いのが遮光フードだ。PCの周りに囲いをつける遮光フードは、PC画面を見やすくする効果もあるが、PC画面の他に目線がいかないように区切ってくれる簡易パーティションの役割も果たしてくれる。

遮光フード

ノートが目の刺激になる人は、視覚過敏に配慮して開発されたアックスコーポレーションの**グリーンノート**もお勧めだ。真っ白なノートと比較して14％も光の反射をカットしてくれる、目に優しいノートだ。

嗅覚過敏の人は**マスクの装着**が大切だ。においを一番簡単にシャットアウトしてくれる手段である。マスク選びにもこだわってほしい。

昨今のコロナ禍により、格段にマスクの種類が増えたこともあり、最近では消臭に特化したマスクも販売している。

マスク越しでもにおいが気になる人は消臭特化型のマスクを選ぶとよいだろう。加えて気をつけてほしいのがマスクの締めつけが頭痛につながるケースもある点だ。装着したときに締めつけすぎない、耳への負担が少ない形のものを選択しよう。

また、**消臭スプレー**も有効だ。ハンドサイズの消臭スプレーで、気になる場所のにおいを消すことができる。前に使っていた人の残り香が気になる会議室で使ったり、トイレに入ってみたものの、においに耐えられないときに使ったりなど、利用できるシーンは結構多い。

過敏はアレルギーと同じで、一見他の人に伝わりにくい。そのため、**日頃から周囲の人に自分の苦手な感覚を伝えておく**のも重要だ。シンプルに「苦手なんだよね」という言葉だけでは伝わらないので、「頭痛がするほど苦手」というように、どれくらい苦手かという程度も伝えよう。

モニターの明るさの調整方法

パソコンの作業で目が疲れてしまう場合は、モニターの明るさを調整しよう。

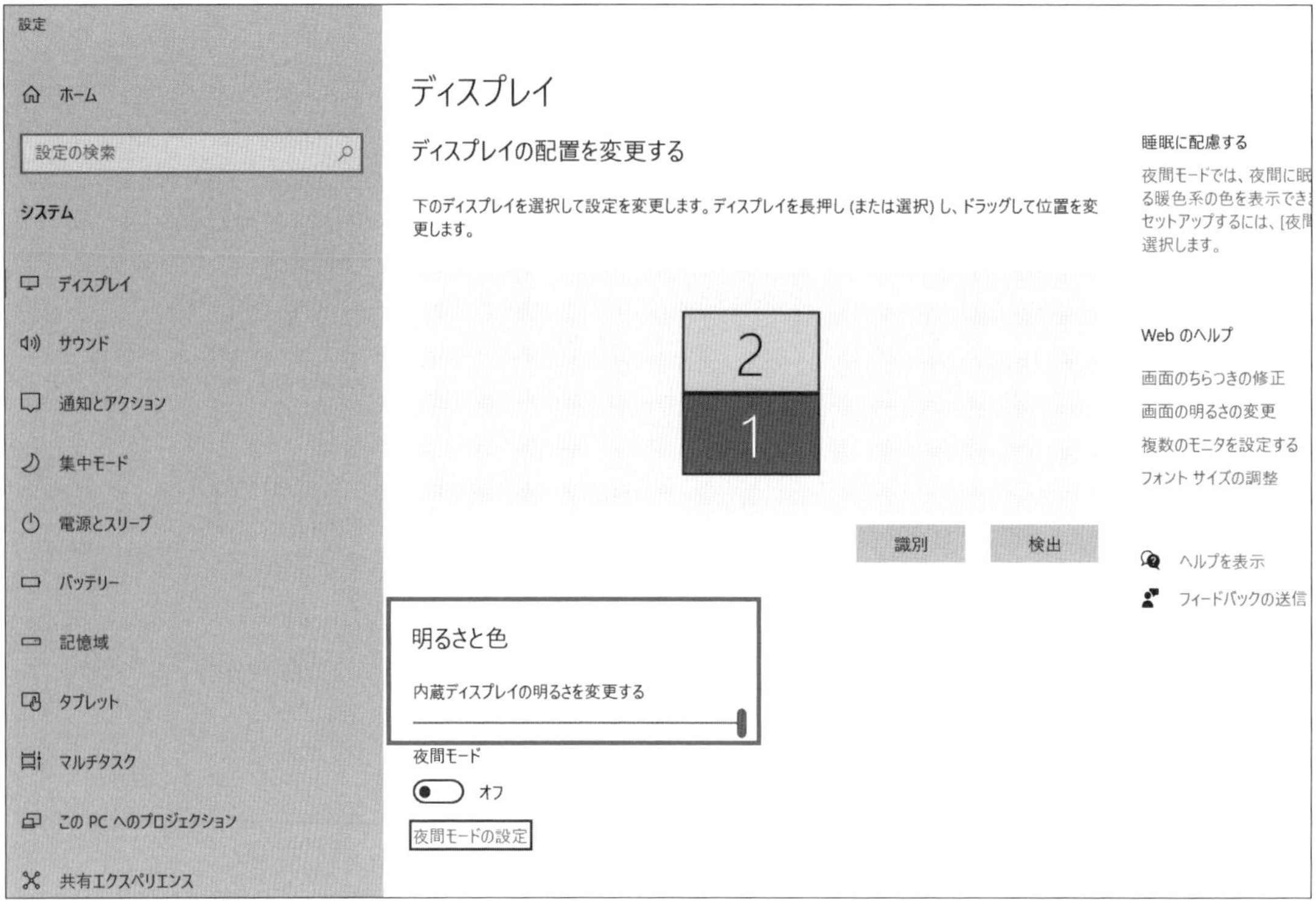

設定
ホーム
設定の検索
システム
ディスプレイ
サウンド
通知とアクション
集中モード
電源とスリープ
バッテリー
記憶域
タブレット
マルチタスク
この PC へのプロジェクション
共有エクスペリエンス

ディスプレイ
ディスプレイの配置を変更する
下のディスプレイを選択して設定を変更します。ディスプレイを長押し (または選択) し、ドラッグして位置を変更します。
2
1
識別
検出
明るさと色
内蔵ディスプレイの明るさを変更する
夜間モード
オフ
夜間モードの設定

睡眠に配慮する
夜間モードでは、夜間に眠
る暖色系の色を表示でき
セットアップするには、[夜間
選択します。
Web のヘルプ
画面のちらつきの修正
画面の明るさの変更
複数のモニタを設定する
フォント サイズの調整
ヘルプを表示
フィードバックの送信

デスクトップ上で右クリック→ディスプレイ設定を左クリックして、出てきたメニューの「明るさと色」で適度な明るさにすることができる

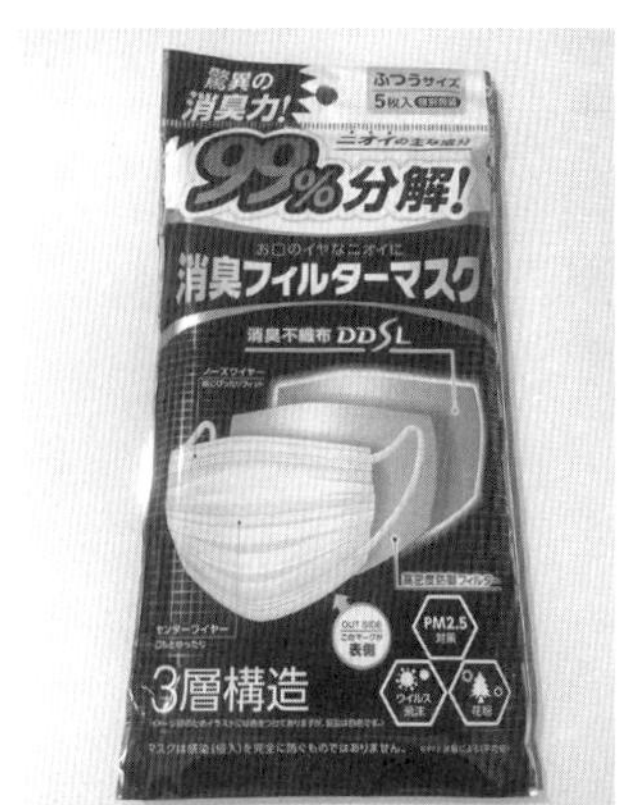

消臭フィルターマスク

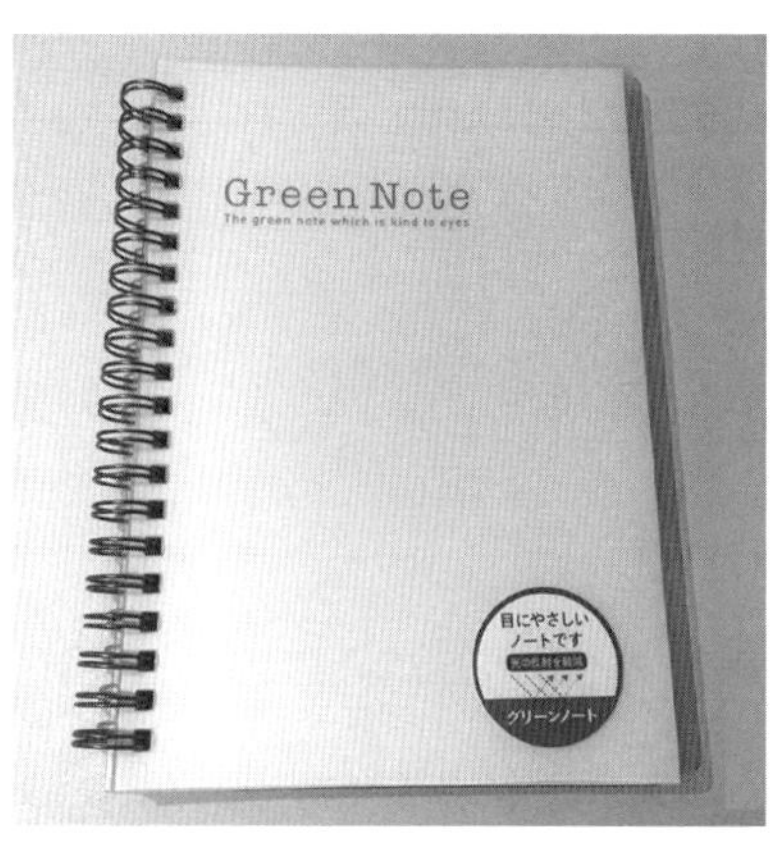

グリーンノート

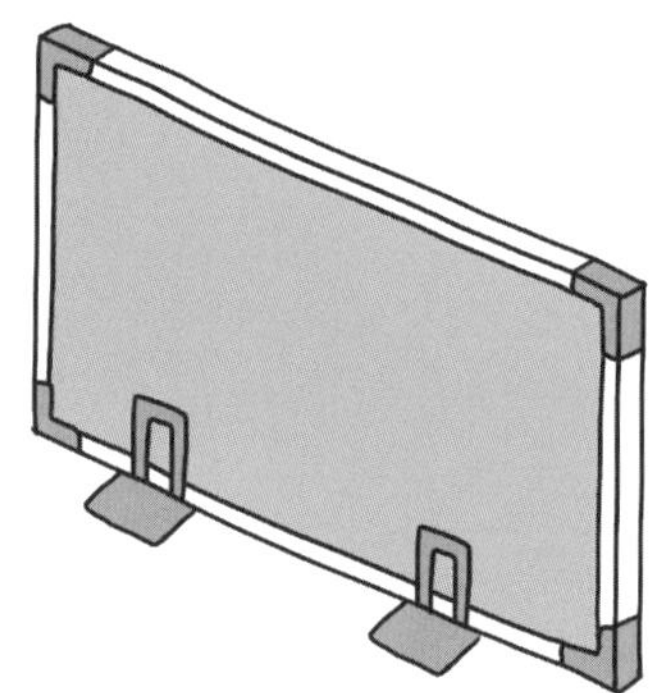
卓上パーティション

人間関係の苦手を何とかしたい

まずは自分に目を向けて

人生を豊かにしてくれるはずの人間関係が、人生の足かせになっている人は多い。人間関係の悩みは、小手先のコミュニケーション能力の向上だけでは解決しない。他人の顔色をうかがうよりも、まずは自分を見つめ、自分との関係性をよくすることが大切だ。

人間関係に疲れてしまう

- 自己肯定感を上げる
- 褒め日記をつける
- 語尾を「できない」から「やらない」に変えてみる

事例　私ばっかり我慢している気がする

「ねえ、この仕事代わりにやってくれない？」苦手な同僚からの無茶ぶり。

　本当は「嫌だ！」と言いたいけれど、言えない。どうせやってもいつも通りあの人の手柄になるだけ。私が手伝ってほしいときはのらりくらりと言い訳をして手伝ってくれたこともない。

　明日は休みだけど、子どもを部活の試合会場まで送らないといけないから朝が早いのに、今日も残業だ。

　そういえば明日は○○さんのお子さんも一緒に乗せるから、○○さんの家経由で行かないと……。○○さんって、いつもうちの車に便乗するのに、うちの子を送ってくれたことは1回もないんだよね。たいしてお礼も言われないし。

　私って、ほんといいように使われている気がする。本当は嫌なのに、ヘラヘラ愛想笑いして断れない自分にも腹が立つ。もうほんと嫌！

原因　自己肯定感の低さから過剰適応に

過剰適応とは周囲に同調するために自分の意見や行動を無理に合わせることを指す。周囲からの評価が気になり、「嫌われたくない」「評価されたい」という気持ちから、自分の気持ちを押し殺して相手に合わせてしまう。

　発達民は、子どもの頃に自らの特性から人間関係がうまくいかず、同級生からのいじめや大人から評価されなかったという苦い経験を持つ人が多い。その結果、自己肯定感が低くなり、「私がダメなんだから、もっと頑張らないと」「自分の特性を隠さないと」という感じに、**自己否定から過剰適応につながってしまう。**

その結果、人間関係に疲れてしまい、突然職場を退職したり、周囲とまったく連絡をとらなくなったりするなど、回避的な行動に出る人もいれば、「今までずっと我慢してきたの!!」と急に感情の爆発を起こす人もいる。

解決法　自己肯定感を上げる

自己肯定感とは自分を認めてあげる感情のことだ。「私はありのままで十分素敵だ！」「私は頑張っている！」「自分が好き！」というように自分に対して肯定的な感情を持っていれば、相手からの評価を恐れずに自分の主張を伝えることができるし、仮に相手からの評価が下がっても、自己嫌悪に陥ることはない。反対に自分のことを褒めてくれる人に対して過度に心酔したり、依存したりすることもない。平たくいうと、**自己肯定感が高まればメンタルが強くなる。**

ここでは手軽に自己肯定感を高める方法を提案する。

褒め日記をつける

人はどうしてもできなかったことやダメだったことに意識が向きがちだ。「今日も課題に手をつけなかった」「プレゼンが噛み噛みだった」「また無駄遣いしちゃったよ」という具合に、意識しないと次から次へと反省することばかりが頭を占める。

自分のできたことやよかったところに注目し、自己肯定感を上げるためには、**褒め日記**がお勧めだ。褒め日記には今日できたこと、よかったことを数個、簡単に書きとめる。たとえば、「今日は朝スッキリ目覚めた！」「遅刻せずに会社に行った！」「たまたま見たテレビがめっちゃ面白かった！」など、内容は些細なことでOKだ。

紙に書き出すことで、脳にポジティブな気持ちが定着しやすくなるし、記録に残すことで後から見返したときに自信になる。褒め用の日記帳を買うのも手だが、手帳のスペースや、タスクメモに褒め日記用のスペースを作るのでも構

褒め日記の例

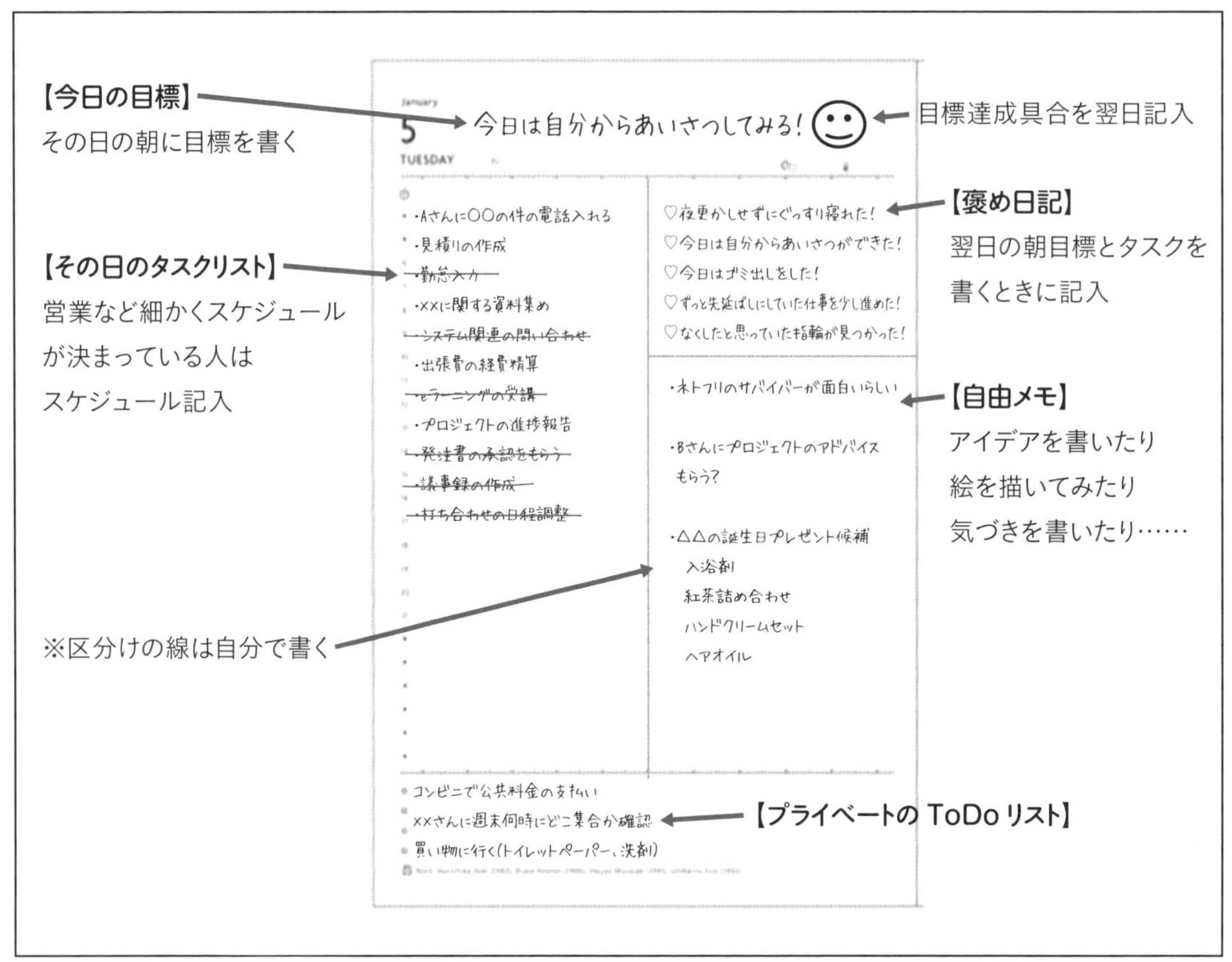

わない。朝スケジュール帳を開く際に、昨日の褒め日記を書く、というように自分が忘れないような仕組みにするといいだろう。

語尾を「できない」から「やらない」に変えてみる

ポジティブ思考が苦手な人は、**語尾を変えてみよう**。「今日も宿題できなかった」「私にはこんなことできない」というように、語尾に「できない」がつくと自己肯定感が下がる。「今日も宿題をやらなかった」「私はこんなことやらない」というように、語尾を変えるだけで、ちょっと気持ちが上向くのでぜひ試してほしい。

「できない」という言葉では、どうしても自分の能力不足や至らなさにスポットが当たってしまう。

一方、「やらない」という言葉には、「やらない判断を自分でできた」が含まれている。ちょっとしたことだが、心の持ちようがぐっと変わるのでお勧めだ。

発散する方法を見つける

過剰適応が続くと、突然発散するか、体調を崩すかしてしまう。耐えられずに急に仕事を辞める、急に周囲との連絡を絶つ、ある日突然相手にぶち切れてしまうといった発散行動で済む人もいれば、うつ病になったり過労で倒れたりするなど、体調を崩す人もいる。

過剰適応をしない、やりすぎないことはもちろん大事だが、**過剰適応でたまったストレスを発散する術を持っておく**とよい。なお、ストレス発散については108ページからの「突然体調不良になってしまう」を参考にしてほしい。

また、発散行為後に自己嫌悪に陥るケースが多いが、自分を責めないでほしい。それまで頑張った自分を労り、休むことが大切だ。

徐々に過剰適応をやめる術を身につける

過剰適応はやめどきが大切だ。ずっと気を張っているストレスは計り知れない。

職場やママ友、新しいコミュニティは緊張するし、つい過剰適応してしまうが、その後徐々に自分を出して**過剰適応を緩和していく**必要がある。

信頼できそうな人を一人見つけて、その人にちょっとずつ打ち明けていくのがオーソドックスな方法だ。ただ打ち明けても「またまた謙遜して〜」と言われることが多いので、具体的なエピソードを挙げるとよい。さらにしてほしい配慮も最後にさらっと入れると効果的だ。「無能だと馬鹿にされないかな」と不安な人は、代わりに自分ができることもつけ加えるといいだろう。

他人に打ち明ける例

他人に対してイライラしてしまう

対策

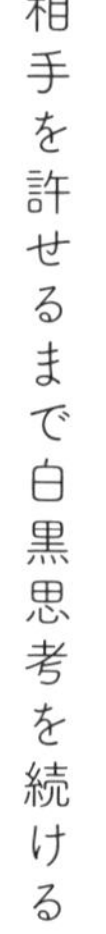

○相手を許せるまで白黒思考を続ける
○衝動性の傾向を把握する
○アフターフォローを大切にする

事例

イライラはよくないとわかっていても……

せっかく時間をかけて本棚の本をタイトル順に並べ替えたのに、誰かが順番をめちゃくちゃにしてしまった。も〜、これ何回目？本は元の場所に戻せっていつも言ってるのに。ムカつく。

しかも、今日は早く帰ってくると言っていた夫が、時間になっても帰ってこない。やっと帰宅したと思ったら、たいして悪びれもせずまったく気にもしていない様子。私がどんな気持ちで待っていたと思うの。普通連絡の1つくらい入れるよね。何で約束も守れないの。本当に腹が立つ。

イライラしすぎて思わず夫に激怒してしまい、そこからケンカに発展。イライラしたらダメだとわかっていても、気持ちが抑えられない。

原因

白黒思考で捉えてしまう

白黒思考とは物事をよい・悪い、正解・不正解のように二元論で捉えることを指す。

こだわりを持っているASDが、そのこだわりから逸脱したときに「ダメだ」と激しい感情を抱く根底にはこの白黒思考がある。他人からするとちょっとしたことでも、自分にとっては許しがたく感じる人は白黒思考の傾向が強い。

また、カッとなると思わず大きい声を上げてしまう、怒った後に「やりすぎてしまった……」と反省する、そういう人は**衝動性**が原因かもしれない。ADHDの特性として挙げられる衝動性は、行動だけでなく、感情や思考にも表れる。

解決法 相手を許せるまで白黒思考を続ける

「もっと柔軟に考えなよ〜」「別にそれくらいよくない？」と言われても、釈然としないことはないだろうか。

白黒思考で物事を捉える人にとって、そこそこのグレー的な思考は受け入れがたいものがある。世間では頭が固い、頑固と言われることもあるが、白黒思考の人にはしっかりとした判断基準があり、それに準じた行動をとることができる。白黒思考自体は決して悪いことではない。

急に「白黒思考をやめて、柔軟に物事を捉える」のは難しいし、白黒思考自体も悪いことではないので無理に変える必要もない。ただ、白黒思考の結果、自分が苦しくなったり、大切な人を過度に攻撃してしまったりするようなことは避けたいので、白黒思考は**黒でストップしないように意識する**とよいだろう。たとえば、

- 早く帰ってくると言ったのに、遅い→黒
- 遅く帰ってくる上に、まったく連絡をよこさない→黒

と、ここで考えるのをやめてしまうと、相手に対する怒りばかりがこみあげてくるので、さらに思考を続けよう。

- 今日も家族のために仕事に行ってくれた→白
- 生きて無事に帰ってきてくれた→白

オセロのように、端を白で埋めることで、黒が一気になくなり、

Column

いいとこどりのハーフオープンとは？

オープンで働くほど今の仕事がきついわけではないけれど、どうしても他の人よりは劣ってしまう。そんな人にお勧めなのがハーフオープンだ。職場の人に障害名は伝えずに自分の苦手をオープンにしていくことをハーフオープンという造語で表したりする。自分の苦手なことを「ADHDだから」「ASDだから」という障害名を抜きにして伝える。

ポイントは何かことが起こる前の日常パートでアピールすることだ。何かミスを犯してからハーフオープンをしても、もはや言い訳にしか聞こえないので要注意。また、苦手とセットで得意・できることも伝えると心証アップだ。苦手＋してほしいこと＋自分ができることの3点セットで伝えられると完璧だ（例：「忘れっぽいので、レスポンスが遅いなと思ったら遠慮なく言ってください。声をかけてもらったら超特急でやりますので！」）。

相手への怒りが収まる。

渦中の相手と話すときは、**存在→行動→結果の順で考えること**がコツだ。結果→行動→存在で考えると、ヒートアップしがちなので気をつけよう。

ケンカ中に言いすぎになってしまうのは、大概この順番で相手を責めてしまうときだ。存在から入れば、ヒートアップしにくい。

衝動性の傾向を把握しよう

怒りの衝動性が出やすいタイミングはいつなのかを把握しよう。空腹時、眠気があるとき、季節の変わり目、低気圧の日、生理前などだ。

また、反対に同じことが起こっても冷静でいられるタイミングがいつなのかも把握しよう。

おいしいお茶を飲んでいるとき、お昼ご飯後のリラックスタイム、お酒を飲んでほろ酔いのときなどだ。

こういった傾向を把握できれば、家族などの身近な人に伝えておくとお互いに心構えができる。「私、今イライラついてるかも」と把握するだけで、「今はキレやすいから気をつけよう」と自分も準備できるし、家族も「今は機嫌悪そうだな。気をつけよう」と備えることができる。

アフターフォローを大切に

衝動的に怒ってしまうと、「言いすぎてしまった」「あそこまで怒らなくてもよかったのに」と後悔し、尾を引いて自己嫌悪に陥りがちだ。

基本に立ち返り、**やりすぎたと思ったら素直に謝ろう**。

また、怒っている最中に自分が冷静ではないことに気づいたら、**徐々にトーンダウンする**ことも大切だ。

衝動性が出やすいタイミングを把握

空腹時

季節の変わり目

ティータイム

食後

ヒートアップしないために

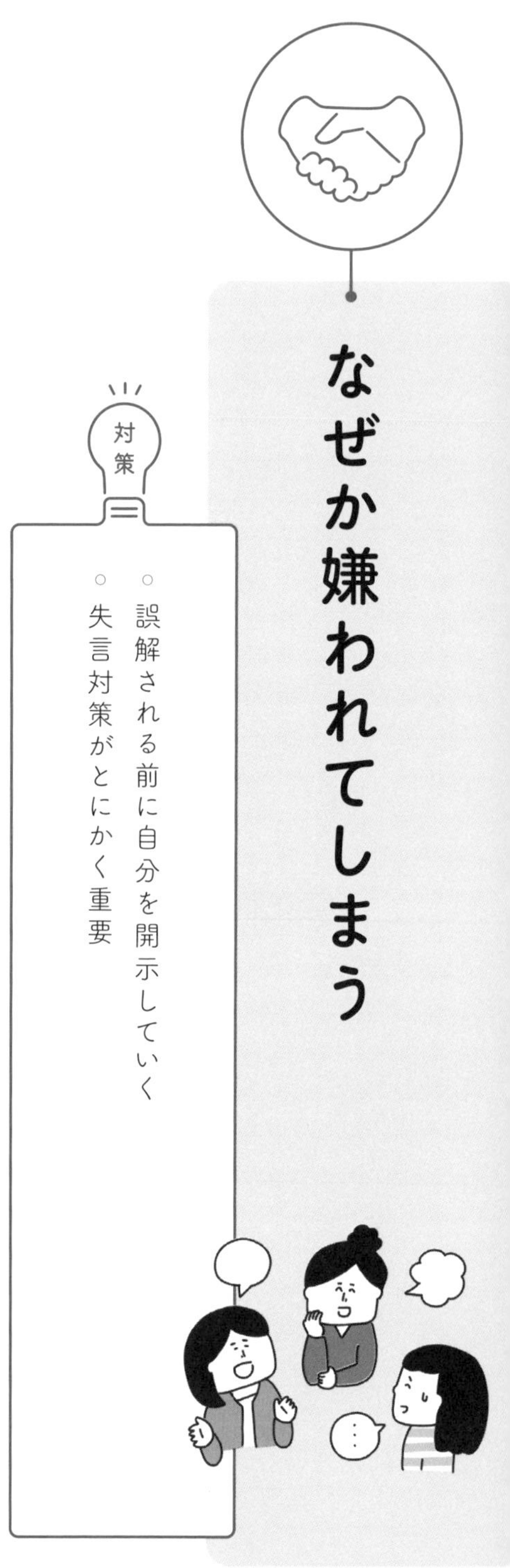

なぜか嫌われてしまう

対策

○誤解される前に自分を開示していく

○失言対策がとにかく重要

事例 頑張っているつもりなのになぜ？

人間関係を円滑にするために、かなり気をつけている。それなのに、なぜかいつも結果的に浮いてしまい、ひどいときには嫌われて嫌がらせをされることも。

何がいけないんだろう。見た目は最低限きれいにしているし、あいさつや笑顔も心がけている。苦手な会話も相手が不快にならないように気をつけているのに……。

原因 性格を誤解されてしまう

人間は行動と性格を結びつけてしまう傾向がある。気持ちよくあいさつをする人に対しては「明るくていい人」と思い、怒鳴っている人を見たら「感情的な人」だと決めつける。

気持ちよくあいさつをしていても実際は詐欺師かもしれないし、怒鳴っている人はそのとき人生ではじめて感情を露（あらわ）にしただけで、普段はとても穏やかな人かもしれない。しかし、そこまで考えることは脳にとって負担となるため、ほとんどの人は行動＝性格という単純なつながりで人を判断・評価する。

発達特性を持つ人は、**自分の特性故の行動が性格だと勘違いされることが多く、このギャップに悩みがちだ**。たとえば本当は繊細な性格をしていても、忘れ物が多いという特性から、「適当な人」や、ときには「軽薄な人」と思われていたり、本当は人の話をしっかり聞いているのに、あまり表情が変わらないという特性から、「冷たい人」「無視する嫌な人」と評価されてしまったりすることもある。

このように自分が認識している性格と、周囲からの評価にギャップが生じることから、理解されずに誤解されて避けられてしまうことがある。

また、誤解が解けることで嫌われる場合もある。相手が勝手に抱いていた期待を裏切る形になり、「思っていた性格と違った」と一方的に失望されて疎遠になるパターンだ。

解決法 誤解される前に自分を開示していく

発達特性＝性格という誤解を解くためには、**自分から積極的にどんな人間かを発信していく**必要がある。できれば誤解が生じる前に発信したい。

よく忘れ物をする、人の顔を覚えない、時間を守れない、こういったADHDの人がよくやるミスは、他の人からすると「適当な人」「大胆な人」「怒られても気にしないメンタルが強い人」といった性格として捉えられやすい。目を見て話さない、あまり表情を顔に出さないというASDの人は「おとなしそうな人だな」という印象を相手に与えるが、その後、ストレートな物言いで話すと、「こんなズケズケものを言う人だなんて思わなかった！」と勝手に相手から落胆されることもある。

このように自分の性格と特性が一致していない場合は、しっかりと相手に伝えておくことが大事だ。次ページのように**ノートに自己分析してみてもよい**。

まずは「忘れ物をしやすい」など、自分の特性を書き出す。その後にその特性が相手にどういう印象を与えるのか想像して書いてみよう。

その印象と自分の性格が合致しているかを○×で見ていく。×が多いほど誤解されやすい人だ。×がついている特性は誤解が生じないように特に自己開示が必要だ。

そのためにどういう言葉で相手に伝えるのが適切なのかを考えて対策を立てていこう。

誤解が解けて嫌われてしまう人

Column 障害者雇用には絶対に障害者手帳が必要か？

障害者として雇用してもらうためには、障害者手帳が必要になる。ただし、障害者雇用での就職活動は手帳取得予定の方でも開始できる。

障害者手帳を取得するための医師の診断書は初診から6カ月経たないと発行してもらえないので、手帳がない状態で就活を始める場合は、まずは医師に相談してみよう。手帳取得の目途が立ったら手帳取得予定で就職活動を開始できる。

自分の特性をノートに自己分析する

自分の特性	相手に与える印象	自分の性格との一致	自己PR
忘れ物をよくする	適当な人	○	――
	豪快な人	×	忘れ物をよくするのですが、やらかす度に生きた心地がしないほど焦ります
人の顔を覚えない	怖いもの知らず	×	本当に人の顔を覚えるのが苦手でして…、またお会いしたときに改めて名前をお聞きしてもどうかご容赦ください
	失礼な人	×	本当に悪気はないのですが、人の顔と名前をなかなか一致させることができなくて…何回かお聞きすると思いますが、どうか気を悪くしないでください
相手の目を見て話さない	後ろめたいことがある	×	結構目をそらすことがあるんですが、癖でして……後ろめたいことがあるわけではないんです
	小心者	○	――
	自己主張が苦手な人	○	――
常にそわそわしている	落ち着きがない人	○	――
	活発な人	×	そわそわしている割に全然運動できないし、インドア派なんですよ

は、**最初の印象がよすぎる**場合が多い。過剰適応で「仕事ができる人」と思われていたのに、実際は「ミスの多い人」だとわかり、失望されてしまうパターンもそうだ。この場合、無自覚に嫌われることは少なく、本人も気づいていることが多い。実際の自分よりもよすぎる第一印象は、振り幅も大きいので要注意だ。なお、過剰適応についての対策は127ページを参照してほしい。

失言対策がキー

発達特性の人が原因不明で嫌われる場合、**失言が引き金になっていること**が多い。遅刻や約束を忘れるといったわかりやすいミスは、やらかしの自覚ができるが、失言に対してはそうもいかない。自分にとっては普通の発言でも、相手からするとひどい発言になることもある。

失言の場合、たいていの人は指摘することもなく、自然と距離を置くようになる。結果、どの発言が問題だったのかもわからぬまま、避けられてしまう。

同じ失言でも、ADHDの人とASD傾向の人ではやりがちな失言が異なる。ADHDの人がやりがちなのは**衝動的な失言**で、思わず口から出てしまうケースだ。一方、ASDの人がやりがちな失言は**ストレートすぎる物言いや空気を読まない発言**だ。

一番簡単な対策としては、あらかじめ「私、変な発言しちゃうことがあるから、もし気に障ったら気軽に突っ込んでほしい!」とお願いしておくことだ。パターン別の対策もここで挙げておく。

①ADHDの人は失言後のフォローを

ADHDの人はつい自分の話ばかりを延々と続けたり、言っちゃダメとわかっていることを衝動的にポロリと口にしてしまうことがある。その場ではみんなニコニコ聞いてくれていても、後からなんだかよそよそしくされてしまう。

何の発言がまずかったのかを思い返してみても、会話そのものが何だったのかさえ覚えておらず、謝るにも謝れない人もいるのではないだろうか。会話を忘れやすい一方で、ADHDの人は失言した瞬間には、「やってしまった」と気づくことが多いので、些細な違和感があったら**その場でフォローまでするように心がけよう**。

(例)

- 話しすぎてしまった場合
「ごめん! 話しすぎた。これからはどんどん私の発言は遮ってくれていいからね!」
- まずい発言で空気が凍った場合
「なんちゃって!」とボケてみる
「○○っていう発言がヤフコメに書き込まれてたんだよ」と存在しない人に責任をなすりつける
「いい意味でね!」とつけて、悪意がないことをアピールする
「今の発言なしで! ごめん!」と素直に謝る

②ASDタイプの人は言葉の変換、クッション言葉、語尾を工夫してみて

「ダメでしょ」「つまらない」「まずい」「何でわからないのか理解できない」自分からすると普通の発言でも、相手はきついと感じることがある。語彙力に自信のある人は、ゲーム感覚で柔らかい表現に変換して発言してみよう。

(例)

「ダメでしょ」→「あまり好ましくないかな」
「つまらない」→「もうちょっと起伏がほしいかな」
「まずい」→「ちょっと面白い味

かも」「未来では流行りそうな感じの味」

「何でわからないのか理解できない」→「私がわかりやすく教えてあげられるほど頭がよければいいのに」

しかしながら、言い換えるのはかなり難しく、考えている間に会話のテンポに乗り遅れてしまう可能性がある。うまくできない人は、**語尾を柔らかくしてみよう。**

(例)

「○○のような気がするな」「○○かもしれない」をつけて濁す

もちろん、**最後にお断りをつけ加える**のも有効だ。

(例)

「ちょっと表現がきつかったかも。こういうとき何て言えばいいか思いつかなくて……」

空気を読めない発言をしてしまう人は、**クッション言葉で空気を壊すときの衝撃を和らげよう。**

(例)

「すみません、ちょっと言いにくいのですが、率直に意見を述べてもよろしいでしょうか?」

「あくまでこれは私個人の感想なのですが」

「少し言い方がストレートかもしれませんが」

すべての人から嫌われないのは不可能

人が人を好きになるときは似たような理由で好きになるといわれ、反対に嫌われるときはさまざまな理由で嫌われることが心理実験で明らかになっている。あなたの友人はあなたのどんなところが好きで付き合っているのだろうか。きっとどの友人も似たような答えを返してくれるだろう。面白いところ、優しいところ……中には「おっちょこちょいなところ」と自分のウィークポイントを好きだと言ってくれる人もいるかもしれない。

一方であなたに対して反感を持つ人は、なぜあなたのことを嫌いなのだろうか。人から嫌われると「私何かしたんだろうか?」と理由を探すが、この理由をすべて判別するのは難しい。なぜなら、嫌う理由は人によってまったく異なるからだ。「性格が嫌い」「過去に嫌なことをされた」という理由を挙げる人から、「容姿や声が気に入らない」という直しようもないことを言う人もいる。果ては「幸せそうだから腹が立つ」という理不尽な逆恨みをする人までいる。

2：6：2の法則ともいわれるものがある。これは2割の人は何もしなくても気に入ってくれる、

表現を変えるだけでも印象は違ってくる

柔らかい表現の例

元の表現	言い換え
ダメでしょ	あまり好ましくないかな
つまらない	もうちょっと起伏がほしい
まずい	面白い味かも／未来では流行りそうな感じの味
～してください	～していただけますでしょうか
これお願い	これお願いしてもいい？
～するべき	～したほうがいいな

クッション言葉の例

状　況	クッション言葉
相手に時間を使わせてしまうとき	お手数をおかけしますが
何かを頼むとき	可能であれば／もし、よろしければ／ご面倒でなければ
相手に出向いてもらうとき	ご足労をおかけしますが
予告なく何かを頼むとき	突然のお願いですが／急な～ですが
相手の立場を考えずに何かを頼むとき	身勝手な～ですが／厚かましい～ですが／ぶしつけな～ですが／こちらの都合で申し訳ございませんが
不測の事態に備えて何かを頼むとき	念のため／万が一のために／大事をとって
できれば回答してほしいとき	差し支えなければ
こちらの都合を優先するとき	勝手ではございますが／勝手ながら
断るとき	せっかくですが／お気持ちはありがたいのですが／お気遣いはありがたいのですが／身にあまるお話ですが

6割の人はこちらの態度などで好きにも嫌いにも振れるし、何もしなければ普通の関係性に落ち着く。残りの2割はどれだけ努力しても嫌うというものだ。

相手に敬意を払い、人間関係を構築するためにできる範囲内で努力することは大切だ。ただ、いきすぎた努力が自分を苦しめ、人間関係をよくするために自己犠牲を払い続けては意味がない。

人生を楽しくするために人と関わるのに、人と関わるために人生がつらくなってしまっては本末転倒だ。

頑張ってもうまくいかない人は、**環境を変えてみる**のも手だ。たまたま自分を好まない2割の集団に囲まれることもあるだろうし、そんなときは「私が悪かったから嫌われたんだ」と自分を責めずに、「外れガチャを引いたか！」くらいの軽い気持ちで受け止めよう。

発達障害って周りにカミングアウトすべき？

- 伝えなくてもOK、でも吐き出せる場所は見つけておく
- 恋人には結婚までには伝える
- カミングアウトはお互い準備をしてから
- カミングアウト後の歩み寄りも大事にする

事例　カミングアウトが怖い！

「そろそろ一緒に住む？」って彼氏に誘われた。すごくうれしいけれど、それ以上に不安。家事ができないのも、部屋が汚いのも、一緒に住んだらバレちゃう。それにもし結婚となれば、自分のADHDもカミングアウトしないといけないよね……。言わなきゃいけないってわかっているけれど、勇気が出ない。もし嫌われたらどうしよう。すごく怖い！

原因　伝え慣れていない

大人になってからADHDやASDと診断された場合、子どもの頃に診断されている人よりも「発達歴」はかなり短い。実際には大人になってから急に発達障害になったのではなく、診断されたのが大人になってからというだけなのだが、**自分は発達障害だという自覚を持っている期間が短いため、自分の発達特性を他人に伝え慣れていない**。

特に発達障害の場合は「個性」だと思っていたものが「障害」というラベルに貼り替わるため、ショックが大きく、自分でもまだ消化しきれていないことが多い。そのため他人に伝えるのはハードルが高く、一人で抱え込む人も多い。

昔ながらの友人や、診断前から勤めている職場の人にカミングアウトすべきか悩む人は多い。発達障害は病気ではないため、発達障害に〝なる〟のではなく、発達障害が〝判明する〟だけだ。

自分自身が変わったわけではないのにカミングアウトすること

で、これまで順調だった関係性に水を差すのではないかという懸念から、自分の発達特性をとにかくバレないように隠す人も多い。

解決法　伝えなくてもOK！でも吐き出せる場所は見つけておこう

発達障害に関しては人によって程度や特性、本人を取り巻く人間関係がさまざまであるため、カミングアウトに絶対的な正解はない。**ほとんどの人にとってはカミングアウトをするほうがストレスを感じるので、無理にする必要はまったくない。**

悪いことをしているわけではないので、「隠している」「内緒にしている」と後ろめたさや罪悪感を抱く必要もない。筆者の場合は「絶対にADHDですよね？」と聞かれた場合（こんな聞き方はちょっと失礼な気もするが、これまで何度かあった）には否定せずに「そうですよ」と答える程度で、自分から進んでアピールはしない程度の開示に留めている。

しかし中には「絶対に知られたくない」という人も多く、特に女性はその傾向が強いように感じる。先に記載した通り、カミングアウトをして周囲に知られるほうがストレスという場合は無理に伝える必要はないのだが、一人で抱え込むことでオーバーフローしてしまい、ダウンしてしまう人が多いのも事実だ。

バレないために「普通にしなきゃ」という気持ちが過剰適応につながり、「誰もわかってくれない。でも誰にも言えない」という葛藤が心を苦しめる。パンクする前に吐き出せる場所を持っておこう。

お勧めは**同じ発達障害の悩みを抱える人が集まり、お互いの悩みやライフハックをシェアし、共感する当事者会**だ。イベントサイトのこくちーずPROなどで「発達障害　当事者会」と調べればかなりのイベントが出てくる。

最近はオンラインの当事者会も増えているので、地方在住者の参加ハードルも下がってきている。

筆者の運営する団体、Decojoでもオンライン・大阪を中心に女性限定の発達障害当事者会を開催しているので、興味のある方は参加してほしい。

もちろん当事者会以外にもカウ

吐き出す場所を見つけておく

- 発達障害の悩みを抱える当事者会
- カウンセリングや医師への相談
- LINEのオープンチャット
- クラブハウスの発達障害当事者向けルーム

発達障害
検索結果 100+

多くの人が参加しているLINEのオープンチャットの検索例

ンセリングや医師への相談、LINEのオープンチャット、クラブハウスの当事者向けルームなど吐き出せる場所はいろいろある。

ここでしているのはあくまで告知義務のない人間関係の話であり、告知義務のある書類や手続きで虚偽や詐称は絶対にダメ。法やルールは遵守が大前提だ。

恋人の場合は結婚前には伝えたほうが無難

「伝えなくてもOK」と述べたが、結婚前のパートナーには伝えたほうがよいだろう。結婚後にトラブルや離婚理由にされてしまう可能性がある。

特に病院に通っている、障害者手帳を持っている、診断がはっきり出ているという人は伝えておかないと結婚後の手続き関係で揉める可能性がある。

たとえば結婚後に保険に加入する場合、保険によっては発達障害の診断が出ていることを告知に記載しなければならないものもあり、審査の結果加入できない可能性もある。住宅ローンなどで加入する団体信用生命保険も同様だ。

配偶者の扶養に入る場合、健康保険の使用履歴が届く会社もあるため、精神科が入っている履歴から相手にわかってしまうことも考えられる。

妊娠を考えている人なら、妊娠中は今飲んでいる薬が飲めなくなる可能性もあり、それによってパートナーに協力してもらわないといけないことも出てくるかもしれない。

長い結婚生活を考えると、パートナーには事前に伝えておいたほうが無難だ。発達障害に引け目を感じるかもしれないが、発達障害にかかわらず、健康上の懸念は結婚前に伝えておくほうがお互い安心できる。

障害があるからカミングアウトするのではなく、末永く幸せな結婚生活を送るために、大切なことは伝えていく姿勢が大事だ。

カミングアウトはお互い準備をしてからが理想

カミングアウトは手段であって目的ではない。自分の障害名を言えば相手が配慮してくれるわけではないので、「カミングアウトをすれば楽になるのでは？」と期待をしすぎないほうがよい。むしろカミングアウトのやり方を間違えると、「急にADHDと言われても、じゃあこっちは何をすればいいの？」と相手が困惑してしまう。

相手の配慮を求めたい、お互いの関係性をよくしたいことが目的なのであれば、**カミングアウトはあくまで手段の1つ。**ADHDやASDというラベルだけを伝えても説明不十分なので、自分の特性を相手にしっかり説明できるようにしておく下準備も大事だ。詳細は31ページの自己開示についてのパートを読んでほしい。

こちらに準備が必要なのと同じく、相手にも準備が必要だ。普段ほぼ仕事の話しかしないのに、急に「ADHDなんです」と言われると、相手もびっくりして「そんなまさか」と受け入れがたい。**自己開示という名のジャブ打ちをしながら、徐々に相手に理解してもらうよう努めてからカミングアウトをするのが理想だ。**

ただし、中には「発達障害なんて甘えだ！」という極端な価値観の人もいるので、そういう人にはカミングアウトしないほうが無難だろう。ジャブ打ちしながら見極めてほしい。

カミングアウト後も歩み寄りは大事

カミングアウト後に気をつけたいのは「ADHDなんだから仕方ないじゃん！」と障害を盾に議論を放棄することだ。これを言われてしまうと、相手は何も言えなくなってしまい、お互いの歩み寄りができなくなる。相手から言葉を奪う、まさにキラーワードなのだ。

正直、発達民の立場としては言いたくなる気持ちは痛いほどわかる。しつこく「何でできないの？」と何で責めされるとつい口から出そうになるし、実際、「なぜ？」という問いに対しての回答として「ADHDだから」というのは間違っていない。しかし、ADHDという原因がわかったところで解決には至っていない。

ここで議論をやめてしまうのだけは避けよう。**大事なのは解決策をお互いに考えることだ。**

議論の放棄と改善例の違い

悪い例

①

②

③

改善例

①

②

だから何で忘れたの？

ADHDで短期記憶が苦手で…家を出る直前まで覚えていたのに。
玄関で思い出せる仕組みがあれば助かるんだけど…

③

④

わかった。
次はベランダに置いてあるゴミ袋を俺が玄関に置くところまでやるからそれならゴミ出し忘れずにできそう？

うん、それなら大丈夫！だと思う！ありがとう

Column

居宅介護サービスとは？

家事ができずに家がゴミ屋敷状態であったり、日常生活に支障をきたしたりしている人は居宅介護サービスの利用を検討してみてはどうだろうか。

居宅介護サービスは自治体が提供する自立支援の一環で、日常生活に問題を抱える障害者手帳所有者に対し、ヘルパーを派遣し、片付け・掃除・調理といった家事の支援を行うサービスだ。

興味がある人は居宅介護サービスを自分の住んでいる自治体が提供しているか確認しよう。料金も自治体によりけりだが、筆者の住む大阪市では1割負担でサービスが受けられる。

居宅介護サービスを受けるまでの簡単な流れを紹介する。

①自治体の窓口でサービスの利用申請を行う

自分の住んでいる自治体に居宅介護サービスがあるか確認してから申請しに行くとよい。障害者手帳も忘れずに持っていこう。

②申請を受けて、自治体の調査員が家を訪問する

支援区分（どれくらいの支援が必要か）を決定するために、自治体の調査員が自宅を訪問して調査を行う。生活状況について質問されるので、正直に答えよう。

③サービス利用計画書を作成する

居宅介護サービスをどういう目的で使用し、どれくらいの時間が必要なのか、計画を立てる。特定相談支援事業者という専門家が立ててくれる場合もある。

④受給者証が送られる

無事に申請が通り、居宅介護サービスを受けられることになったら受給者証が送付される。

⑤ヘルパーを紹介され、サービス開始

ヘルパーにしっかりと悩みを相談し、手伝ってほしいことを伝えよう

以上が簡単な流れだ。自治体にもよるが、サービス開始まで数カ月程度かかる。

女性にありがちな悩みを何とかしたい

不器用でも センスがなくても大丈夫

きれいに眉を描く、周囲から浮かないファッションをする、ナプキンを正しく装着する。女性はセンスや器用さといった発達民には苦手なものを求められるシーンが多い。努力だけが解決策だった時代は終わり、今では便利なサービスやグッズが助けてくれる。

ファッションが苦手

対策

- 他人任せにしてしまう
- パーソナルカラーを知っておく

事例 これでいいの？ 変じゃないかな？

毎朝服を選ぶのに時間がかかり、ストレス。

せっかくかわいいと思って買ったスカートも、どんなトップスを合わせたらいいかわからず、お蔵入りしている。

結局お決まりのスタイルに落ち着いてしまうので、一部の服ばかりがヘビーローテーションになりがちだ。

新しい服を買っても何かしっくりこないから、ボロボロになっても捨てどきを逃してずっと着てしまう。

非日常のファッションはさらに悩みが増す。デート、パーティー、旅行、参観日など、TPOに合わせたファッションって何だろう。

「ドレスコード」が指定されるともうパニックだ。このファッション変じゃないかな、浮いてないかな、と気にしながら当日を迎える。何か、ファッションって疲れる……。

原因 変化に対する適応が苦手

流行はすぐに変化するため、この間までは「かわいい」と思われていた服も、今となってはダサい服になっていることが多々ある。

ASD気質の人は、**変化よりも定番を好む**性質があるため、流行を必死で追い続ける世間一般の女性は理解しがたい存在かもしれない。

さらに、ファッションは年相応さが求められる点も服選びを難し

くしている。明確に○歳以上の人はこういうファッションは避けましょうという指針もないので、曖昧さが苦手な発達民にとって、**線引きがわからない**。

その上、ファッションは着ていく場所によっても変える必要がある。保護者会、友人の結婚式、恋人の実家へのあいさつ、ちょっとしたパーティーなど、シーンによってふさわしい服装をしなければならない。年齢を重ねるごとに自分が楽しむためのファッションから、相手にどういう印象を与えるかを考慮したファッションが求められる。

流行、年齢、シーンといった常に変化する複数の条件を加味してファッションをコーディネートすることは、まさに非言語コミュニケーションであり、コミュニケーションが苦手な発達民は苦手意識を持ちやすい。

また、発達民の中には図形をイメージすることが苦手な人がいるが、服についても同様に**頭の中で服の組み合わせをイメージすることが苦手**な人も多い。服を買うときにどんな服と合わせるのか、そしてその服は家にあるのか、他にも使える組み合わせがないか、頭の中でぐるぐる考えても結論が出てこないのも発達の特性故かもしれない。

解決法　他人任せでスタイリング楽チン！

前述の通り、服選びにはさまざまな要素を考慮する必要があるので難しい。「自分で考えるのが楽しくて好き」という人でなければ、**服選びは他人に任せてしまったほうが楽である**。

たとえば、人ではなくAIが服を選んでくれるアプリがある。**「XZ（クローゼット）」**は、クローゼットにある服を撮影し、アプリにアップロードすると、1週間分の着回しコーディネートを提案してくれる。XZ（クローゼット）は靴やアクセサリーも登録できるため、せっかく服を着ても玄関で「合わせる靴がない！」という事態にもならない。

さらにすごいのは自分の年齢に合わせたコーディネートが提案されるだけでなく、天候情報も加味してくれるところだ。天気予報を見ずに適当に服を選んで、「今日こんなに寒いとは……」と寒さに

震えることもない。

写真を撮るのが面倒な人は、ネット上にある画像から読み込むこともできる。

最初の登録作業に時間はかかるが、自分の持っている服を最大限活用できるため、余計な服を買いすぎてしまうことも減り、経済的なメリットも大きい。

自分で服を選んで買うのも苦手な人は、**洋服レンタルサービスにすべて任せてしまう**手もある。洋服のレンタルサービスはさまざまあるが、その中でも「エアークローゼット」や「Rcawaii（アールカワイイ）」などのスタイリストがコーディネートしてくれるサービスがお勧めだ。

自分のサイズを登録し、どんなシーンで着たいのか、どんな服が好みなのか、要望を出せばそれに合わせた服を送ってくれる。プランにもよるが一番オーソドックスな借り放題プランが1カ月9800円程度で、1回当たり3着の服がレンタルでき、返却するとまた3着送られてくる仕組みだ。

レンタルで送られた服の感想を伝えると、スタイリストがしっかりと次回のコーディネート時に反映してくれるので、回数を重ねるとどんどん自分好みの服が送られてくるという楽しみもある。プランにもよるが、1回当たりに送られてくる服は3着が主流なので、すべての服を毎日レンタルで賄うことは難しいが、週末のお出かけや結婚式といったお呼ばれシーンでのドレスなど、シーンを選んで使うのには最適だ。クリーニング不要という点もありがたい。

買い物が苦手な人のために、**スタイリングが得意な人にコーディネートしてもらえるサービス**もある。「コデチケ」はコーディネートが得意な人と苦手な人を仲介してくれるサービスで、条件が合えば買い物に同行してもらえる。コーディネーターにもよるが、同行料の相場は1時間当たり千円〜5千円程度であるため、プロのスタイリストの買い物同行よりはかなりお手頃価格だ。

知っておくと便利！ パーソナルカラー

パーソナルカラーとは、その人自身が生まれ持った身体の色から導かれる、その人に似合う色のことだ。「この服を着るとなんだか老けて見える」「リップの発色が思ったのと全然違った」といった「何か違うな」という違和感は、**パーソナルカラーが合っていない**ことが原因かもしれない。

パーソナルカラーは春（スプリング）、夏（サマー）、秋（オータム）、冬（ウインター）の4タイプあり、自分がどのタイプかを知ることで似合う色がわかる。それぞれのタイプによって似合う色が決まって

自分の代わりに服を選んでくれるサービス

● XZ（クローゼット）

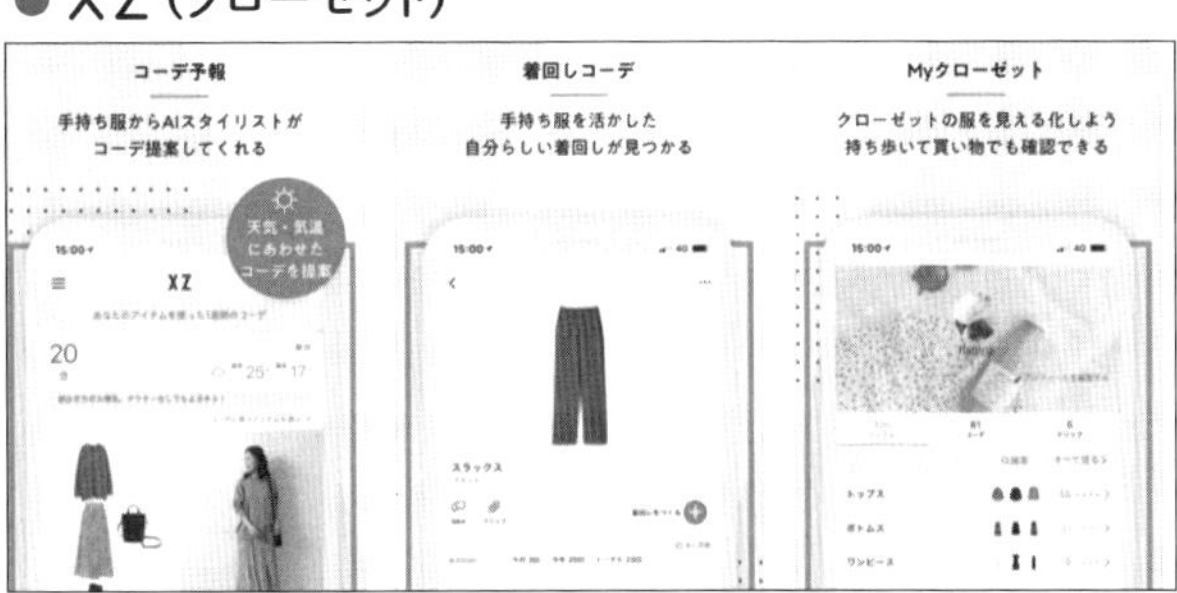

- 自分の手持ち服を使って、コーディネートや新しい着回しアイデアを自動で提案してくれる
- 住んでいる地域の天気・気温に合わせて提案してくれる
- 今日着たコーデをカレンダーに登録しておけば、いつ・誰と会ったとき・どんなコーディネートだったか振り返ることができる

● エアークローゼット

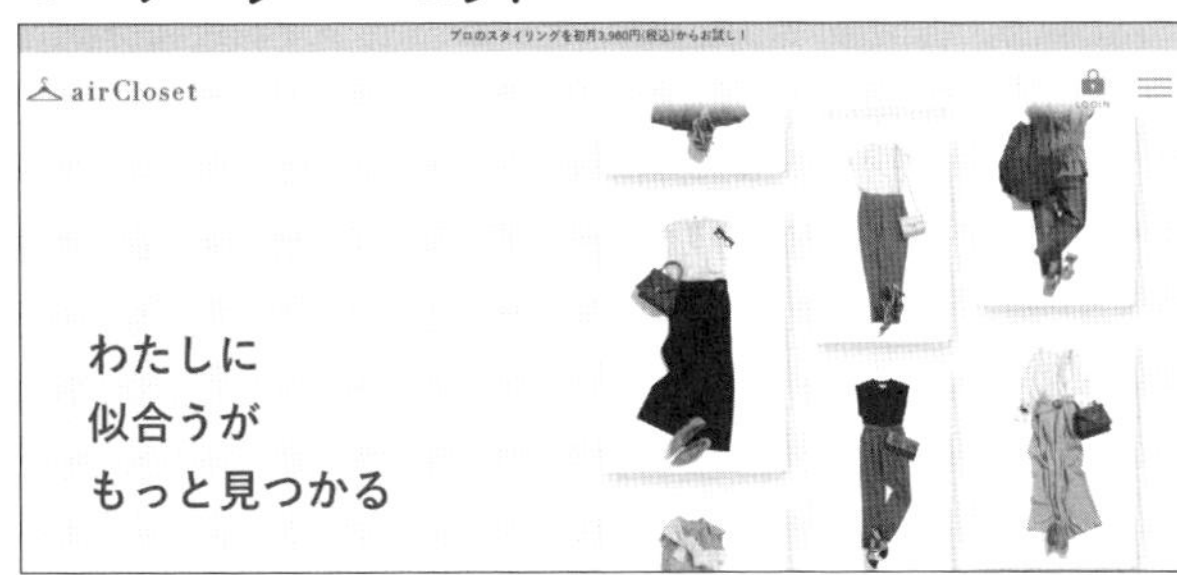

- 月額9,800円から利用できるファッションレンタル
- 30万着もの服の中から選択できる
- プロのスタイリストが自分に合った服を選んでくれる

● Rcawaii（アールカワイイ）

- 月額9,980円から利用できるファッションレンタル
- 500以上の人気ブランドが着放題
- 試着して気に入った商品は購入可能

● コデチケ

- ファッションが苦手な人に、コーディネーターが一緒に似合う服を選んでくれるサービス
- 同行料はコーディネーターによって異なる

いるので、色選びに困ったら自分のパーソナルカラーを参考にするとよい。パーソナルカラーを意識して服やアクセサリー、メイクを選ぶと自然となじみやすく、顔色がよく見えたり、若々しく見られたりする。

パーソナルカラーは、「パーソナルカラー　自己診断」と検索すると、チェックリストを用いて簡易的に調べてくれるほか、Viséeの「パソカラ」ではスマホからページを開いて写真をアップするだけで簡単に診断してくれる。本格的に調べたい人は「パーソナルカラー診断 自分の住んでいる地域」で検索をするとよいだろう。パーソナルカラーアナリストがカラーサンプルの布を顔付近にあて、顔色の変化を見てパーソナルカラーを診断してくれる。

なお、百貨店ではお手頃価格で診断サービスを提供しているところもある。個人サロンで本格診断する場合は具体的にアドバイスがもらえるところが多い。サービスを比較してお店を決めよう。

「パソカラ」では簡単にパーソナルカラー診断ができる

パーソナルカラーの診断方法

	ネット上の自己診断サイト	顔写真での診断	カラーアナリストによる診断
価格	◎ 無料がほとんど	◎ 無料がほとんど	△ 数千円～数万円と幅あり
正確性	△	○ 正しい撮り方をすれば	◎
手軽さ	◎ 数分で簡単	○	× 本格診断だと2時間程度かかることも

パーソナルカラーがわかると……

服のカラーで迷うことがなくなる

勢いで買ったけど実際着てみるとイマイチ似合わない服が少なくなる

服の断捨離の際に捨てる服の優先順位がつけられる

ヘアカラーするときに自分に合う色を選べるようになる

似た色ばかりのコスメから、自分に合う色を探せるようになる

靴がダサいのを何とかしたい！

対策
- スタメン靴を2～3足用意する
- 自分の足を測定してピッタリな靴を買う

事例 私の靴って実は変なの？

かれこれ数年愛用しているスニーカー。雨の日も風の日も、お出かけの日も通勤のときも、いつだって私の足を快適に保ってくれる。ほぼ毎日このスニーカーだ。

さすがに今日の服装にスニーカーは合ってない気がするけれど、ヒールは足が痛くなるからやっぱりスニーカーだな。

でも家族からは「いい加減、新しいのに買い替えなさい。ボロボロで恥ずかしい」と言われる……。

確かにちょっとくたびれてはいるけれど、私としてはまだ履けるんだよなぁ。何より新しい靴ってなかなか足にフィットしないし、なじむまで時間がかかるから買い替えたくない。完全に履けなくなるまではこの靴のままでいいや。

原因 捨てどきがわからない・気づかない

ASD気質の人は、つい同じものをずっと愛用してしまい、寿命を超えている状態でも使い続けてしまうことがある。ものを大切にしていてとても素晴らしいことではあるが、よいことだからこそ指摘されにくく、デッドラインを大幅に超えてから他人に指摘され、恥ずかしい思いをすることも。

履き慣れた靴と履きつぶした靴の明確な境界線がないため、発達民にとっては捨てるべきかの判断がしにくい。

靴はついつい後回しにしがちだが、底のすり減った靴を履き続けると、足に負担がかかったり、バランスが悪くなったりして身体の歪みにつながることもあるので、寿命には気を遣う必要がある。

また、ASD気質の人は**自分の使っているものに対してもこだわりを持っている人が多い**。特に多いのが、使っているうちにこだわりになったものだ。

たとえば、最初は何の気なしに使っていた枕は数年使ってほどよくへたり、そのへたり具合が心地いい。新しいバスタオルはなかなかなじまなくて気持ち悪いから常に古いほうを使う。

このように使っているうちに気に入って、お金を出して合わない新品を使う意味がわからないという人もいる。経年劣化ではなく、新品には出せない魅力を感じる経年進化とでもいうべきか。

こういったケースの場合だと、同じ商品を買おうと思っても、既に販売中止になっていたり、そもそもメーカーもわからないことが多いため、ますます今使っているものが手放せなくなる。特に靴は経年進化の傾向が顕著であり、商品の入れ替わりも激しいため、同じものを後から入手することは難しい。

「今日の服にはスニーカーは合わないな」とわかっていても、ヒールがあるおしゃれは敬遠してしまう人も多い。実はおしゃれ靴と発達民の相性はあまりよくない。

パンプスのようにピッタリと足を包むタイプだと過敏で履けないという人もいるし、ヒールを履くとうっかり溝にハマったり、転んだりして危なくて履けない不注意タイプの人もいる。

モデルが履くようなピンヒールは夢のまた夢で、そもそもヒールがついている靴をほぼ履かないという人もいるくらいだ。

解決法　スタメン靴を2～3足用意する

なじみの靴はなるべく手放したくない、捨てどきがわからない人は**なるべく靴を長持ちさせ、かつ定期的なスパンで買い替える**とよい。そのため、通勤や通学などで週に5回以上履くタイプの靴は常時2～3足用意しよう。

スニーカーなら**スタメンスニーカーを、パンプスならスタメンパンプスを2～3足用意する**。毎日連続で同じ靴を履いていると靴の劣化が猛烈なスピードで進んでしまうが、これを日替わりにするだけで靴の負担がかなり減る。

また、**買う時期はそれぞれ半年～1年ほどずらし、劣化の時期がバラけるようにする**のも大事だ。お気に入りの靴が急になくなる喪失感を極力なくそう。そうするこ

靴の買い替えのサイン

スニーカー買い替えのサイン

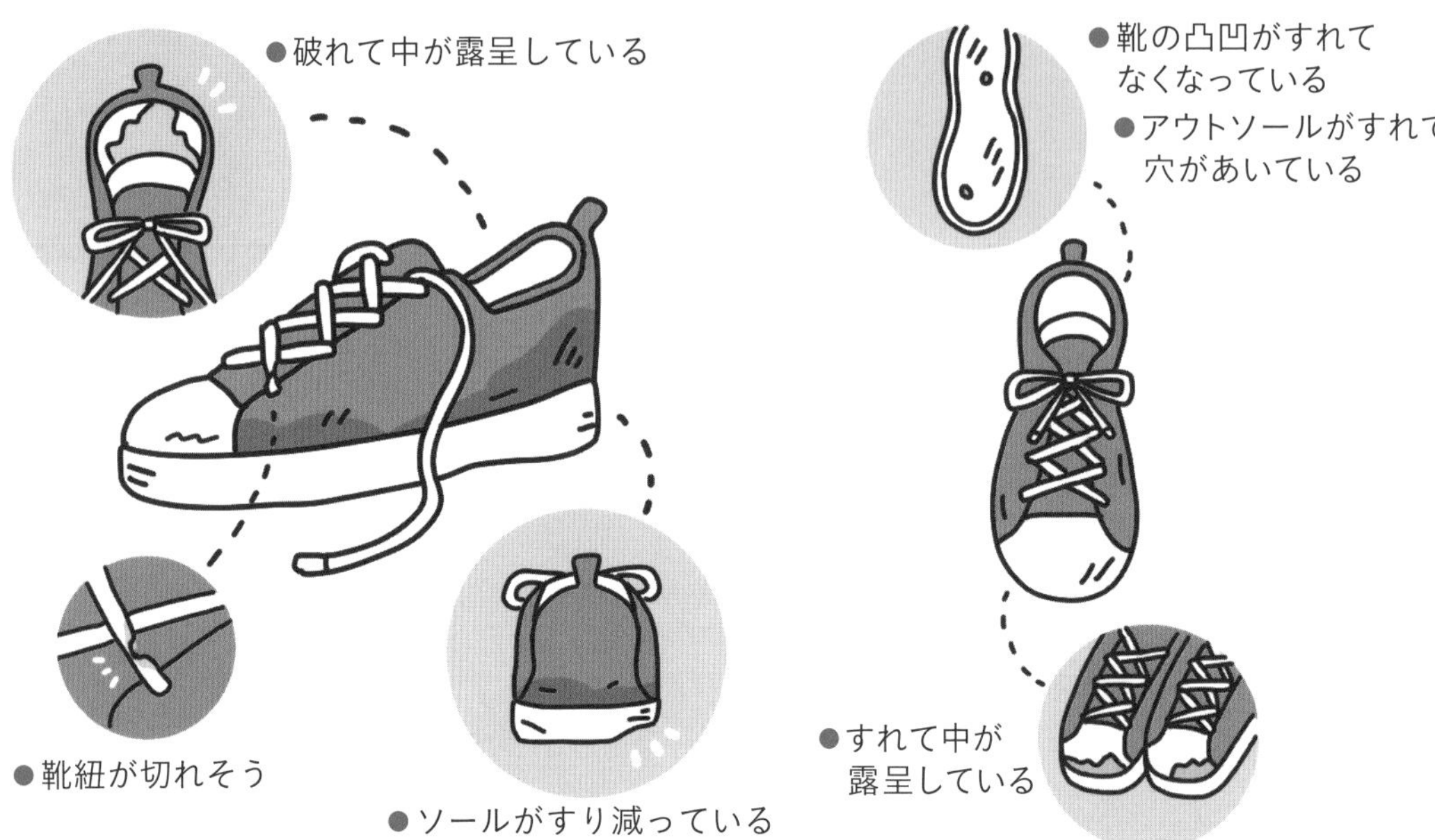

共通 洗ってもにおいがきつい

パンプス・ヒール買い替えのサイン

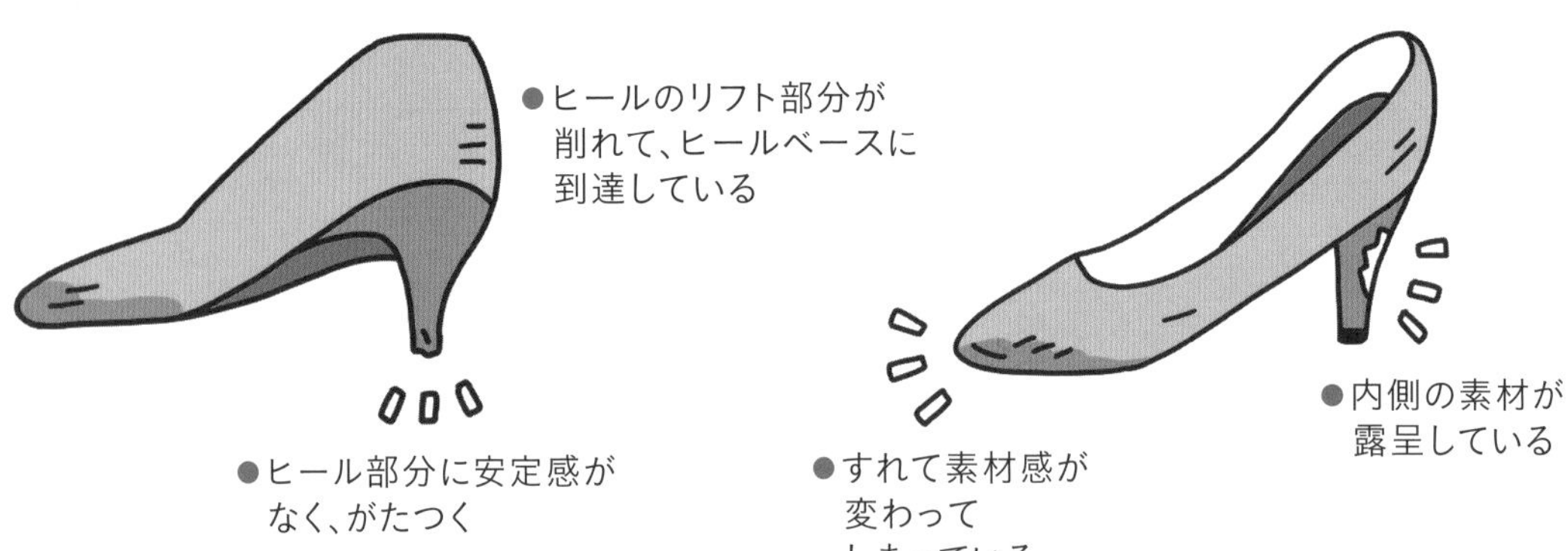

共通 洗ってもにおいがきつい

とで、「この靴を買い替えてもスタメン靴はまだ2足あるから大丈夫！」と買い替えやすくなる。

このスタメン靴はデザイン・色が似ているほうがよい。せっかく歩きやすいスタメン靴になりそうな靴を買っても、「やっぱり今日も黒にしよっと」と特定の黒の靴ばかりに集中してしまうと意味がないからだ。

靴を捨てるタイミングがわからないという人は、**「買うタイミングで捨てる」というサイクルを作っておく**とよい。1年に1足スタメン靴を買うタイミングで一番古いスタメン靴にお役目を終えてもらうという感じに、入れ替わりサイクルを作ることで常によい状態の靴を履くことができる。

もちろん、サイクルのスパンは歩く距離や歩き方、靴の種類によって異なる。ただ、一般的にスニーカーやパンプスといった日常用の靴は1〜2年、距離は400〜500キロといわれているので、それを目安にしてもよいだろう。それでもやっぱり捨てられない人は右ページにある靴の買い替えのサインも参考にしてほしい。

歩きやすいパンプス・ヒールに出会うコツ

極力ヒールを履かないようにしていても、職場の規定や冠婚葬祭、就職活動などで履かざるを得ないときもある。

近年、ヒールの着用を強いられる風潮は徐々に弱まりつつあるが、それでもヒールが必要なシーンはまだ多い。「痛いのに嫌だなぁ」と思うと気持ちも下がってしまうが、どうせ履くなら気持ちよく履きたい。

痛みさえなければ、ヒールは履くだけでお手軽に気持ちを上げてくれる相棒だ。ヒールを履くと目線も高くなり、普段の自分とはちょっと違う視界にワクワクする。まるでシンデレラのガラスの靴のように、靴が自分を素敵な場所に導いてくれるような、そんなハッピーな気持ちにさせてくれる。

痛みと歩きにくさからおしゃれが楽しめないのはもったいない。そんな女性たちの声に応えるように、企業努力も進み、歩きやすいヒールも豊富に出てきている。

ヒールというだけで毛嫌いせず、どうせ履かないといけないのなら、歩きやすくておしゃれな一足を探してみよう。ここではパンプス・ヒール選びのコツを紹介する。

①自分の足を測定してピッタリな靴を買う

靴下や靴紐で調整できるスニーカーと異なり、パンプスやヒールはちょっとでもサイズが合わないとすぐに靴擦れを起こしてしまう。試着してみて自分に合うものを探すというのが靴選びの主流だが、最近はサイズを測定してから合う靴を提案してくれるサービスも出てきた。

ZOZOTOWNが提供しているZOZOMATは足のサイズをミリ単位の精度で3D計測できる。ZOZOTOWNのウェブサイトから申し込むと無料でZOZOMATが送付されるので、ZOZOMATとスマホで足の計測を行う。

計測後は自分に合うシューズをZOZOが提案してくれるので、サイズが合致して気に入るものがあれば購入できる。サイズの合致度がパーセンテージで表示されるため、かなりわかりやすい。

他にもセミオーダーメイドでパンプスを作ってくれるブランドがある。KiBERAやKASHIYAMAは1万円から自分に合ったパンプスを作ることができる。店舗に行けば測定してもらえるので、サイズの合わないパンプスにうんざりしている人はこういうところで靴を作るのもありだ。

②ヒールのある靴を選ぶポイント

個人差はあるが、ヒールを選ぶときに次のポイントを重視するとよい。

- ストラップ付き：若干サイズが大きくても足が抜けないので、むくみのないときに靴が脱げて不快になることがなくなる
- ヒール太め：安定感が増す。ピンヒールのように細いヒールだとちょっとした隙間にはまることも
- ヒールの高さは3〜5センチ：高いヒールに慣れてない人はこの高さを目安にするとよい。これくらいならぐらつきにくく、ほどよいスタイルアップ効果も得られる
- インソール部分にクッション性がある：インソール部分がカチカチだとかなり足が疲れる。クッション性がない場合は、クッション性のあるインソール（中敷き）を買うのもお勧めだ
- つま先部分がカチカチではない：つま先部分が完全に硬いと指が当たって痛かったり、むくんだときに窮屈に感じたりしてしまう

③お勧めブランド

こちらも個人差はあるが、参考にしてほしい。

- asics WALKING：アシックスの日常シューズを展開しているブランド。かのアシックスが作っているパンプスなだけあり、機能性が高い。デザインも豊富で、パンプス以外の日常シューズもある。定価は2万円程度で価格は高め
- Re:getA（リゲッタ）：歩きやすさとかわいらしさを追求した日本生まれのブランド。計算され尽

くされた凸凹インソールがほどよくフィットし、ヒールの高さを感じないほどの安定感がある。足先が丸まっているデザインが多く、幅広の人も快適に履ける。値段は6〜9千円程度

- クロックス：サンダルのイメージが強いが、実は歩きやすいパンプスも売っている。クロックスと同じ素材感だが、ぱっと見は普通のパンプス。軽くて丸洗いできて雨の日にも強いのが強み。値段は3〜6千円程度
- サクセスウォーク：下着の有名メーカーワコールが展開している靴ブランド。働く女性にうれしい定番デザインが多く、履き心地もさすがのワコール。（こだわりの独自設計で長時間履いても疲れにくい。）価格帯は2万円前後と高め

以上のことを参考に、自分に合った靴を探してほしい。

パンプス・ヒール選びのコツ

自分の足にピッタリな靴を買う

- セミオーダーサービスを利用する
- 店舗以外にインターネットのサービスもある

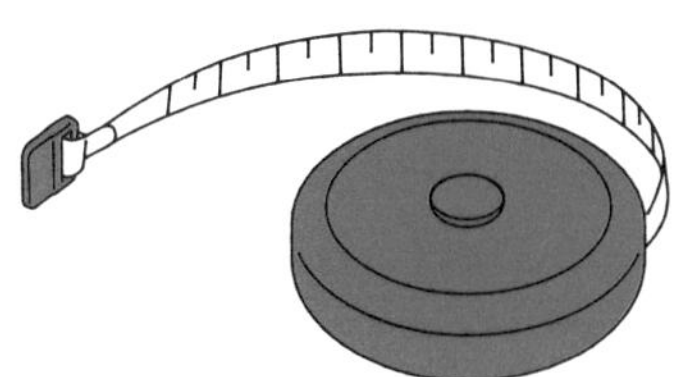

履きやすく、動きやすい靴を選ぶ

- ストラップ付きのものは
- ヒールは太めで、3〜5センチの高さ
- インソール部分にクッション性がある
- つま先が固くない

お勧めブランド

- asics WALKING
- Re:getA（リゲッタ）
- クロックス
- サクセスウォーク

ヘアスタイルをかわいく決めたい！

- 便利グッズで簡単おしゃれヘアに
- ヘアアレンジは動画で覚える

事例　髪は女の命というけれど……

面倒で何年も同じ髪型のまま。たまにやる気を出してヘアアレンジに挑戦したものの、説明図がわからなくて諦めた。

何回も格闘したけれど、後頭部はうまく髪が結えなくて、腕がつる。ヘアアイロンをしてみたら、不自然な癖がついてしまった。

ヘアアレンジが難しいので、服やメイクを決めても、結局髪型は何となくいつも通り。

もっとおしゃれをしたいのに、時間をかけても不器用でうまくできない。

加えて髪にかけている時間も体力もない。お風呂上がりのドライヤーをサボってしまい、翌朝の寝癖が大変なことになる。

寝癖が目立たないようにオールバックにして髪を後ろでくくったり、ニット帽をかぶってごまかしたり……。

ヘアスタイルを楽しむというよりも何とかするほうが目的になってしまう。

原因　うまくできないうちにやる気が遠のいていく

発達障害の特徴の1つに、**手先の不器用さ**がある。図工、裁縫、アクションゲームなど、手先を使うものが苦手な人は、発達障害の特性のせいかもしれない。特にヘアアレンジをする際は、自分の目の届かない後頭部で作業するため、不器用な人にはハードルが高い。

さらに発達障害を持つ人の中に

は、**図を読み解くのが苦手**な人も多く、ヘアアレンジの説明図や解説を読んでも、手順がわからない場合もある。ヘアアレンジが上達する前に挫折してしまうことが多い。

　ADHD特性のある人は**ルーチンワークをこなすのが苦手**なため、日々のヘアケアに関しても雑になってしまいがちである。

　お風呂上がりにドライヤーをかけたり、毎朝髪にアイロンやブローをするなど、ヘアセットをするための時間確保ができなかったり、つい適当に済ませてしまいがちだ。ヘアセットする時間があるなら1分でも多く寝ていたいという気持ちもある。

解決法　便利グッズで簡単おしゃれヘアに

ヘアケアもスタイリングも、便利グッズをうまく使って負担を減らすことができる。うまく活用することで簡単にかわいいを作ってくれるのでお勧めだ。

　夜に一生懸命ヘアオイルやヘアミルクをつけてドライヤーをかけても、翌朝寝癖が大爆発している人は、**ナイトキャップをつけてみる**といいだろう。ナイトキャップは寝るときにかぶる髪全体を覆う布の帽子だ。

　シルクのナイトキャップは保湿効果が高く、寝ている間に生じる枕との摩擦から髪を守ってくれるので、翌朝の寝癖を防止してくれる。髪の長さによってナイトキャップのサイズが異なるので、購入時には注意しよう。

　巻き髪が好きだけど、コテアイロンを使うのは面倒臭い人には、**ダイソーのスポンジカーラー**がお勧めだ。寝る前に装着するだけで翌日カールがつくので、何もしていないのにアイロンで髪を巻いたようなヘアスタイルになれる。

　ミディアムくらいの髪の長さの人も使えるし、ロングの人が毛先に緩いカールをつけるのにも使える。スポンジなのでゴツゴツしていないため、寝るときにあまり気にならないのも大きなメリットだ。

　ロングヘアの人は**ヘアチェンメーカー**というヘアアレンジグッズがお勧めだ。髪を挟み込んでひとまとめにしてくれるだけでなく、外したときに緩いカールがつくので、アイロンで巻く必要がない。仕事中は髪をまとめて、終業後は髪を下ろしてふわふわカールヘアを楽しむこともできる。

　お風呂上がりにドライヤーをかけるのが面倒で、髪は最低限清潔

ヘアケアの負担を減らす便利グッズ

ヘアチェンメーカー

スポンジカーラー

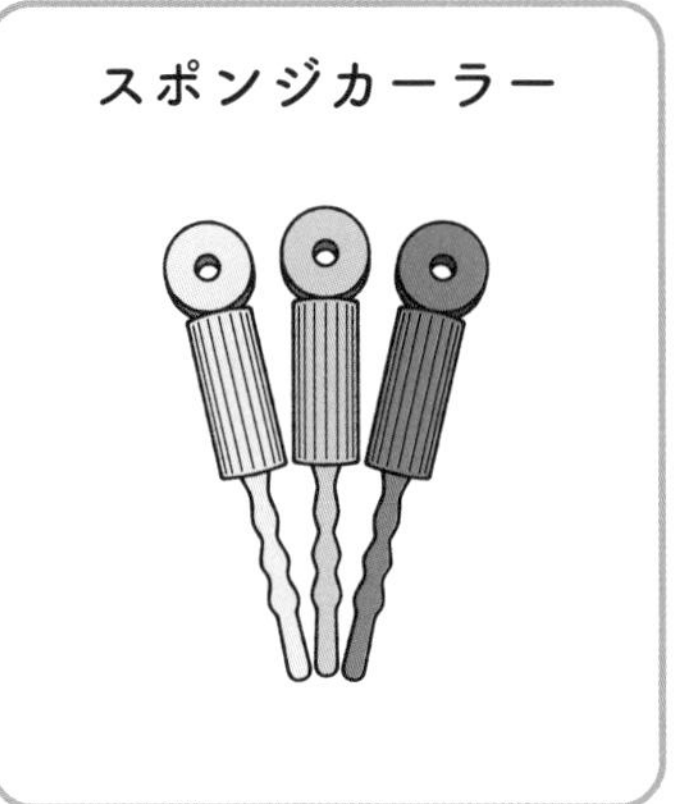

1秒タオル

ダイソンのドライヤー

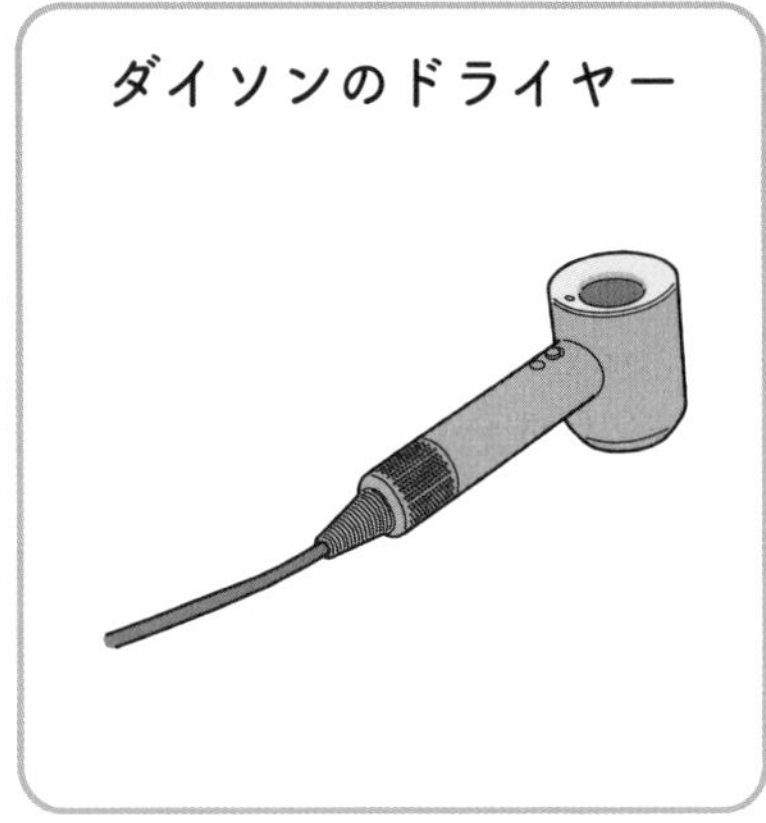

シルクのナイトキャップ

感を保っていればよいという労力節約タイプの人は、まず髪を伸ばそう。ある程度伸ばせば髪をくくることができるので、寝癖も気にならなくなる。だが、ドライヤーをしないで髪を濡らしたまま長時間放置すると、風邪をひくだけでなく、かゆみの原因にもなる可能性があり、さらに髪のキューティクルも痛んでしまう。

そこで、タオルだけでも吸収性のよいものに変えて、髪の毛の水分を吸い取っておこう。

マイクロファイバー製のタオルや、水泳で使われるスイマータオルは吸収性が高く、中でも**1秒タオル**はドライヤーの時間が半分になるといわれるほど、吸収性が高い。

ドライヤーをしない場合でも、速乾タオルは強い味方になってくれるし、時短になれば面倒なドライヤーへのハードルも下がる。ドライヤーをかけるほど余裕があるときは、タオル手袋をはめてドライヤーをかけると、時短になる。

お風呂上がりにのんびりしたい人は、吸水ターバンを巻いてしばらく放置しよう。その間にスキンケアや夕食を済ませ、時間が経ってからターバンを外せば、既にかなりの水分を吸ってくれているので、ドライヤーが楽になる。

タオル以外にも速乾グッズはある。**サボリーノ**は、濡れた髪にスプレーするだけで、早く乾く便利グッズだ。何より、ドライヤー自体をアップグレードすると、びっくりするほど乾くのが早くなる。代表的な商品だと、お値段がはるものの、ダイソンのドライヤーが優秀だ。毎日使用することを考えると、よい投資になるかもしれない。

また、究極のお手軽アイテムとして、**ウィッグ**や**ヘアピース**もお勧めだ。筆者の前髪は癖が強い上に量が少ないため、いつも前髪がぐちゃぐちゃになりがちだが、千円前後で購入できる前髪ウィッグをつけると、自然でかつかわいらしい前髪に変身する。クリップでパチッと留めるだけなので、手間がかからない。

ヘアアレンジは動画で覚える

ヘアアレンジの雑誌を買ったり、サイトを見たりしても途中で何が起こっているかわからなくなる人は、**動画を活用しよう**。ヘアアレンジを動画で解説してくれるアプリは多い。ユーチューブやインスタグラムで自分の髪の長さ（ショート、ミディアム、ロングなど）＋簡単＋ヘアアレンジと検索すると大量に動画が出てくる。

美容師さんがヘアスタイルやヘアアレンジを動画・画像形式で投稿し、サロンの宣伝を行うＨＡＩＲというアプリもお勧めだ。ランキング形式でヘアアレンジの投稿をチェックできるので、参考にしてみよう。

他にも女性向けに特定のテーマに沿ってウェブ上に点在している記事・情報をまとめるキュレーションアプリで情報収集する方法もある。LUCRA（ルクラ）、TRILL（トリル）、LOCARI（ロカリ）等が有名だ。

ヘアスタイルだけでなく、ファッション・メイク・片付けやお金に関するライフスタイル全般など、女性向け情報をまとめて入手できるので、こういったキュレーションアプリを1つ入れておくと便利だ。

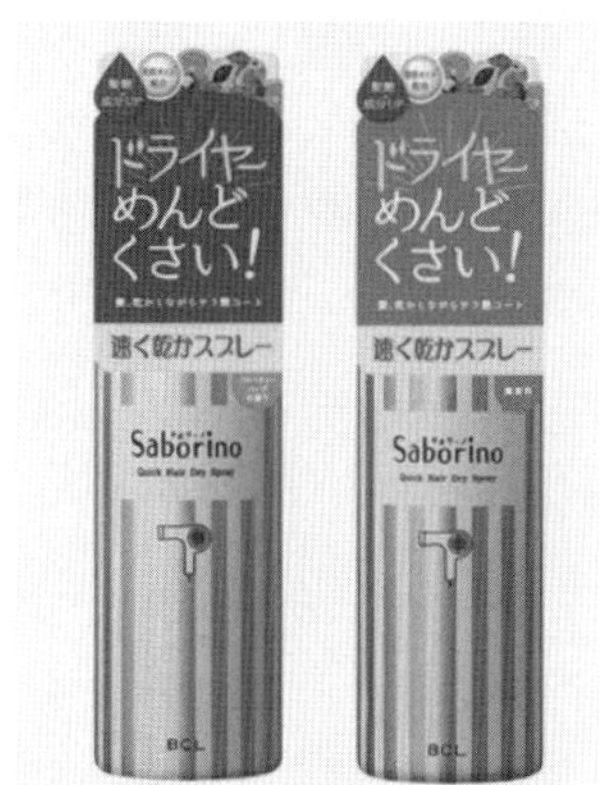

サボリーノ　速く乾かスプレー n

簡単ヘアアレンジ

ハーフアップの場合は、上部3分の1から4分の1程度の毛束をとる

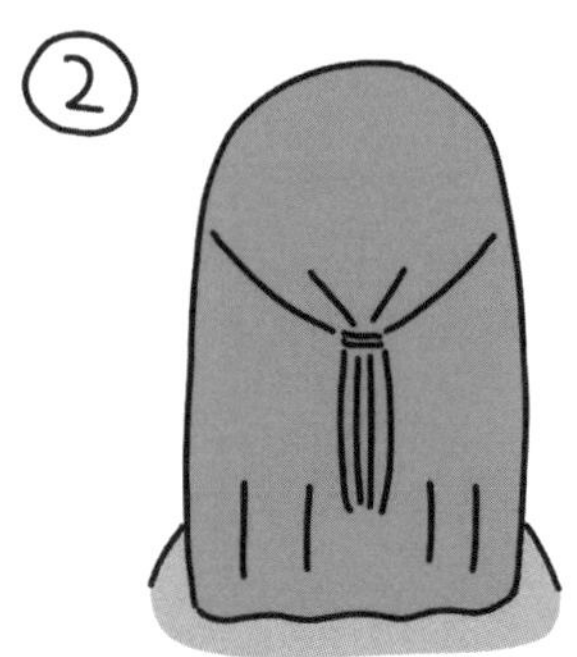

後頭部の一番出ているところ（目の高さくらい）で、毛束をゴムでくくる。ゴムは細いものを選ぶとやりやすい

結び目の上を2つに割る

その割れ目に毛束を上から通す

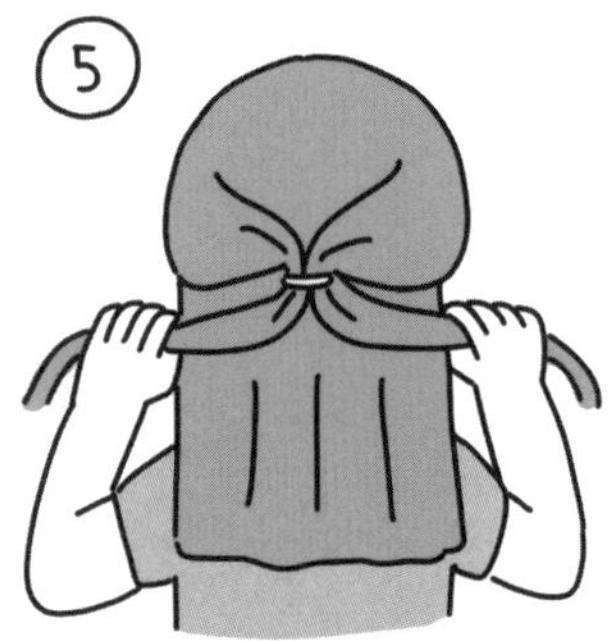

毛先を分けて、両側から引っ張って整える

軽く整えて完成

ロープ編み

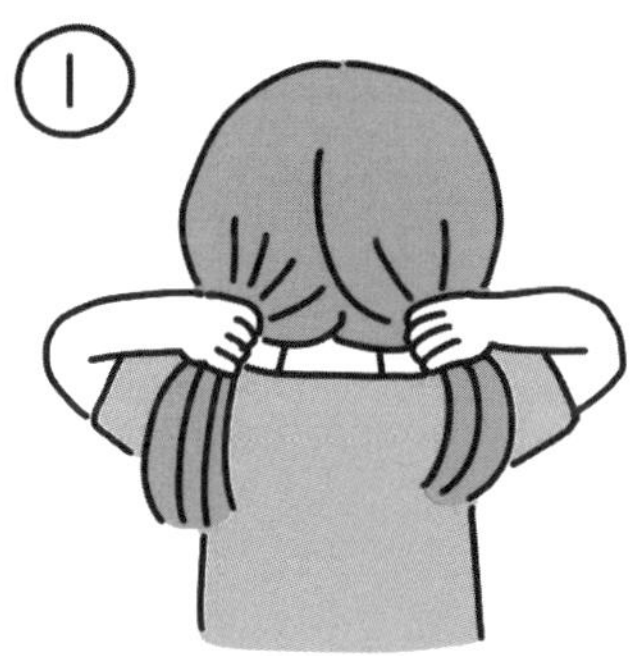

髪全体をざっくり左右2つに分ける

右の毛束を時計回り（親指を上に向ける方向）にねじる

右の毛束を左手に持ち替え、左の毛束の上に重ねる

左の毛束を右手で持ち、時計回りにねじる

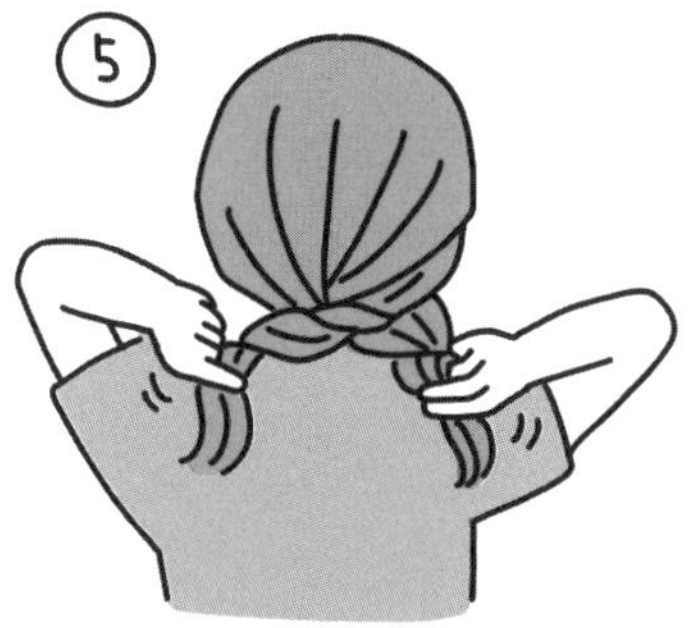

ねじった毛束同士を交互に編む

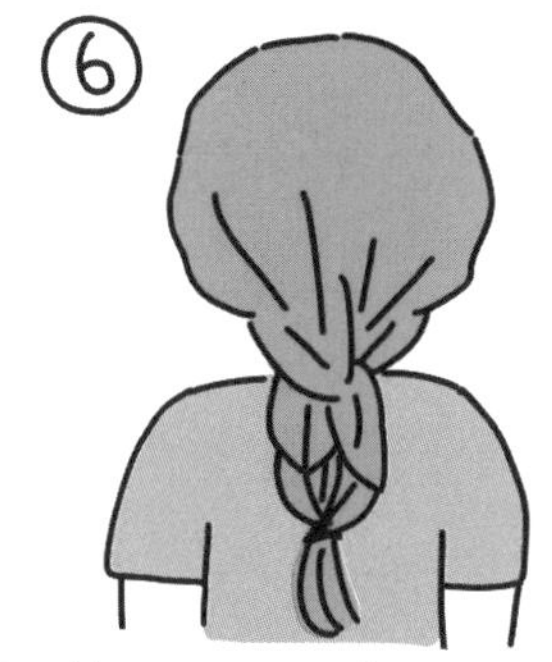

編み終わったらゴムでとめ、軽く崩して完成

横分け前髪

横後ろの長い髪を持つ

頭を傾けながら長い髪を前髪の方向へ流す

長い髪を前髪の上にかぶせて、耳の上あたりにスモールピンで固定する

メイクが苦手

対策

- 肌・眉・唇を意識して清潔感を出そう
- 時短コスメで簡単メイク

事例　メイクって難しいし、面倒！

　誰も何も言ってこないけど、私のメイクってこれでいいんだろうか。キラキラのショップ店員さんと話していると、自分のメイクは地味な気がする。

　そうはいっても眉毛を左右対称に描くのも、まぶたにきれいなグラデーションを作るのも、ビューラーでまつ毛を持ち上げるのも、何もかもが難しすぎる。

　かわいくなりたいけれど、メイクを頑張れそうにない。それに朝は時間がないから、メイクする時間があるなら少しでも長く寝ていたい。

原因　不器用×飽き症で続かない

　発達障害の特性に**手先の不器用さ**がある。不器用な人にとって、メイクは至難の業だ。細いペンシルで細かく線を入れたり、絶妙な陰影で立体感を出したり、繊細さが求められるメイクはうまくいかないことが多い。失敗を重ねながらも毎日コツコツと慣れていくことがメイク上達の鍵だが、ＡＤＨＤ特性の人は継続が苦手なこともあり、三日坊主でやめてしまって上達しないケースが多い。

　また、**肌が敏感である**のも、過敏の特性の1つといわれている。敏感肌の人は使える化粧品が限られており、普段使える化粧品でも体調次第では肌が荒れることもあるので、メイク道具をそろえるだけでも一苦労だ。美しく見せるためのメイクで肌が荒れてしまっては元も子もないので、決して無理をする必要はない。

解決法

肌・眉・唇を意識して清潔感を出そう

メイクは義務でも強制でもないので、苦痛を伴ってまでする必要はない。ただ、マナーとして最低限の清潔感が保たれていないと、人間関係構築の際にマイナススタートとなるため、そこだけは注意したい。

最低限の清潔感を保つため、肌・眉・唇の3点は押さえておくとよい。肌は健康的であればノーファンデでもＯＫ、眉はモジャモジャだったり眉なしでなければＯＫ、唇周りは過度にかさかさでなく、健康的な血色であれば口紅なしでもＯＫだ。

肌状態を良好に保つためにスキンケアと紫外線対策はしっかり行おう。肌に何かつけることに抵抗がある人は食事やサプリを駆使するとよい。紫外線対策だと、飲む日焼け止めを使う手もある。

眉は顔の印象を左右する重要なパーツだ。生えっぱなしという人は、ある程度形を整えるだけでもぐっと印象が変わる。自分で眉を整えるのが苦手な人は眉カットでプロに整えてもらう方法もある。

唇はかさかさにならないよう、リップを塗ったり唇パックでケアしたりしよう。口紅が苦手な人は色付きリップで保湿しながら血色を保つ方法がお勧めだ。

時短コスメで簡単メイク

アイシャドウのグラデーションをうまく描けない人は、どの色をどこに塗るか一目瞭然なＡＵＢＥの「**ブラシひと塗りシャドウ**」シリーズがお勧めだ。ベースをまぶた全体に塗った後、3色のグラデーションになっているアイシャドウを付属のブラシで同時にとり、さっと塗るだけできれいな陰影ができる。仕上げに目の際にチップでパウダーライナーを入れれば、本格的なアイメイクが完成だ。

他にもスティックタイプのアイシャドウでメイベリンの「トーンオントーンシャドウ」シリーズも簡単にグラデーションができるので、アイメイクが苦手な人や、時短したい人にお勧めだ。

眉毛がうまく描けない人は、KISS New Yorkの「**アイブロウスタンプ**」を試す手もある。このアイテムはその名の通り、アイブロウが眉の形を象ったスタンプタイプになっており、ポンと眉に押す

AUBEの「ブラシひと塗りシャドウ」

だけで、きれいな眉毛が仕上がる。アーチタイプ、ストレートタイプと好みの眉の形と、色も選ぶことができる。

眉毛が生えていないタイプの人は、眉ティントも手軽だ。眉ティントを寝る前に眉に塗り、乾かして寝て、翌朝剥がすと自然な眉ができている。数日色が落ちないので、毎朝眉毛を描く手間が省ける。

自分に合うカラーのコスメを選ぶ

自分のパーソナルカラーがわかれば、コスメの色選びで失敗することが格段に減る。ファンデーションを塗るとかえって顔色が悪くなってしまう、アイシャドウが全然発色しない、色が浮いてしまっているなど、カラーが合わなくてメイクがうまくいかない人は自分のパーソナルカラーを調べてみるのも手だ。

やりがちな失敗に注意

首と顔の色が違いすぎる

ファンデーションの色が合わずに、不自然な顔色になっていないか確認しよう。ファンデーション選びの際は店頭でタッチアップしてもらい、自分の肌色に合わせたものを購入するとよい

チークを塗りすぎて熱っぽい顔に

普段より暗い部屋でメイクをすると濃くなりがちだ。メイクするときの部屋の明るさには要注意！

リップが歯についている

リップを厚塗りすると歯に付着してしまう。ティッシュオフをするか、ティントタイプの落ちないリップを使おう

時短コスメを選ぶコツ

ファンデーション

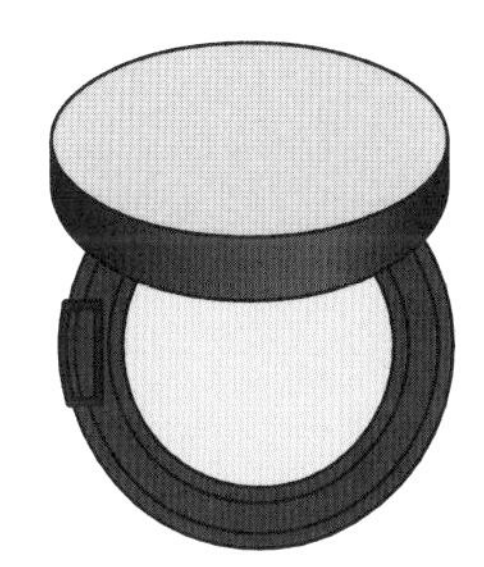

- 1つで多くをカバーしてくれるものを選ぶ
- 下地や日焼け止めが不要なクッションファンデを使う
- クッションファンデは薄く肌にのせるだけでしっかりとカバー
- BBクリームは1本でベースメイクが完成する

リップメイク

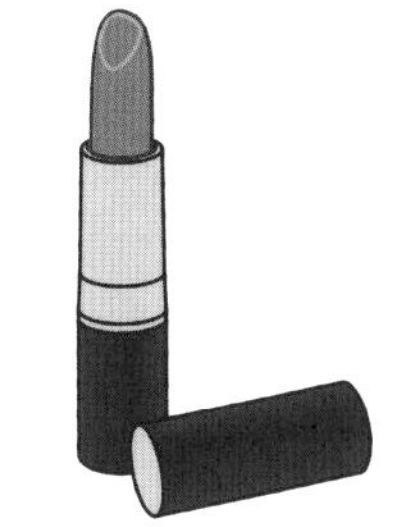

- リップ専用品よりも、いろいろなメイクに使えるものを選ぶ
- アイメイク・チーク・リップを1本で済ませれば悩む必要がなくなる
- 同じ色なのでメイクに統一感が出る

アイシャドウ

- どの色をどこに塗るか迷わないタイプのものを選ぶ
- まとめて塗るタイプやパレットをそのまま塗るタイプなどさまざま
- スティックシャドウは特に塗りやすく簡単

アイブロウ

- 眉毛の形に迷わないものを選ぶ
- 眉の形になったスタンプタイプのものは押すだけで完成
- 眉ティントは寝る前に眉に塗り、翌朝剝がすと自然な眉ができている

眉の描き方

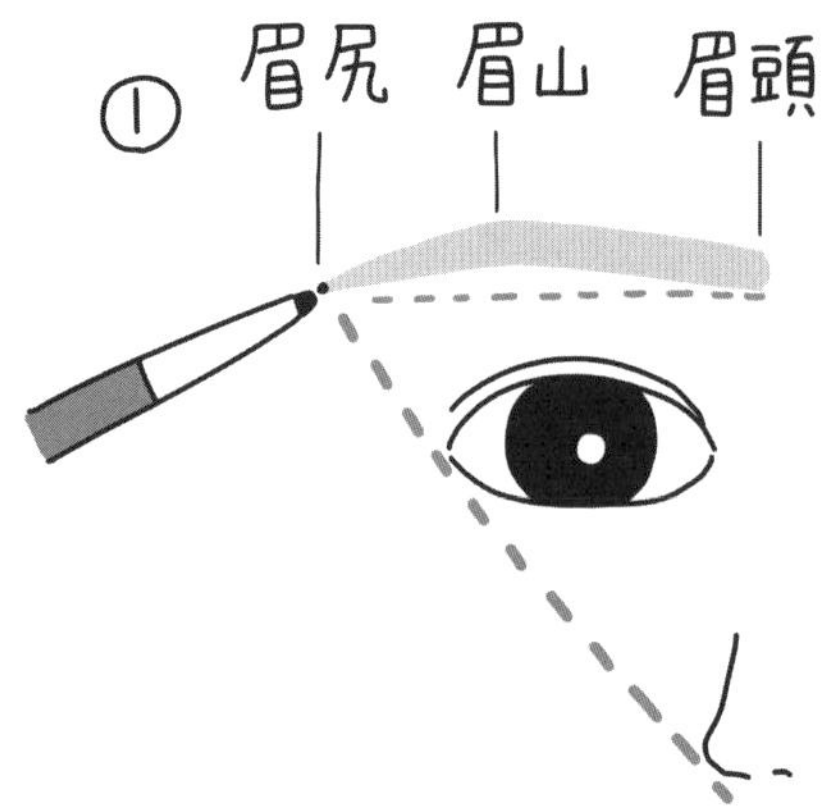

眉尻の終点を描く。位置は眉頭と同じ高さで、
長さは小鼻と口角の延長線上までとする

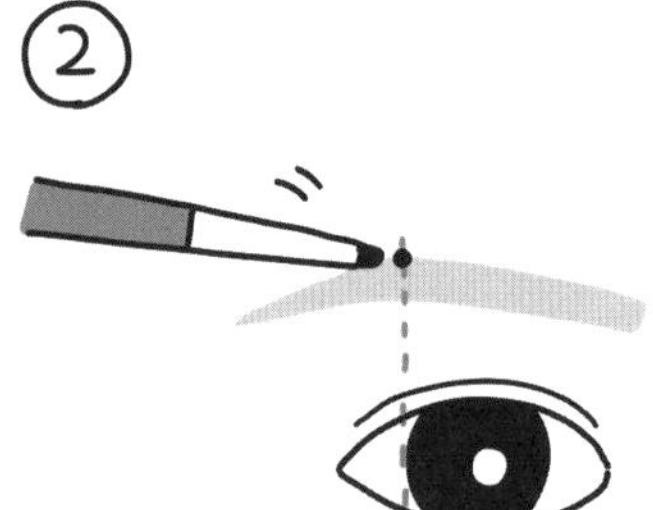

眉山の頂点を描く。黒目の
外側の真上のあたりが基準

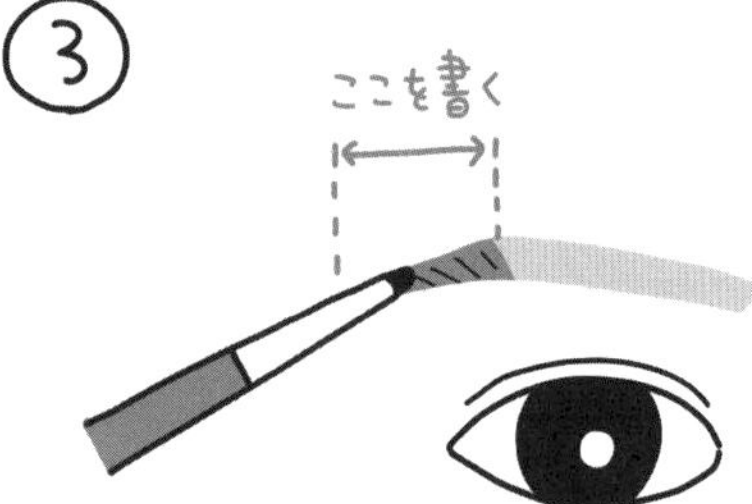

眉山から眉尻に向けて
眉毛を描く

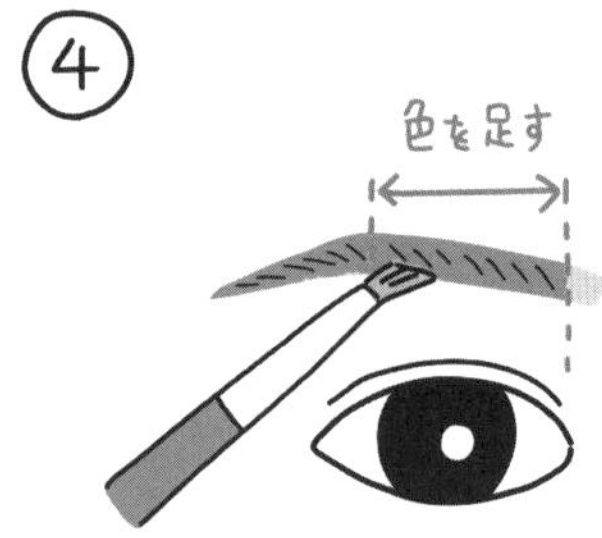

眉頭手前から眉山までの眉の
薄いところに色を描き足す
（パウダーを使ってもOK）

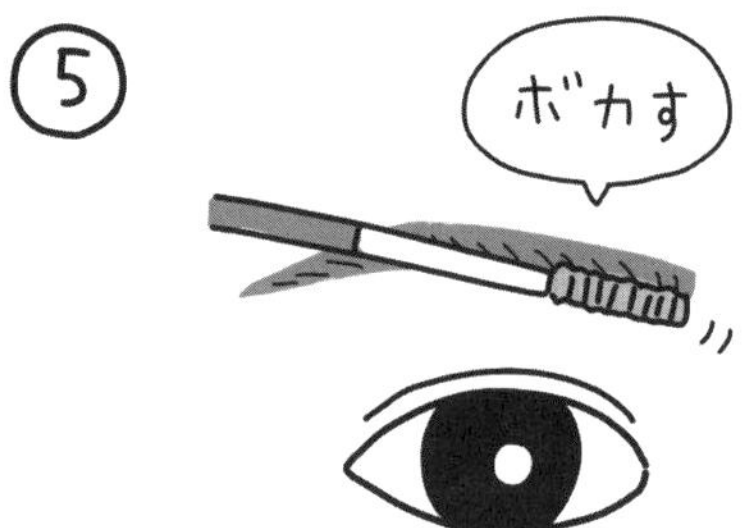

眉頭に向けて、スクリュー
ブラシを使ってぼかす

眉の整え方

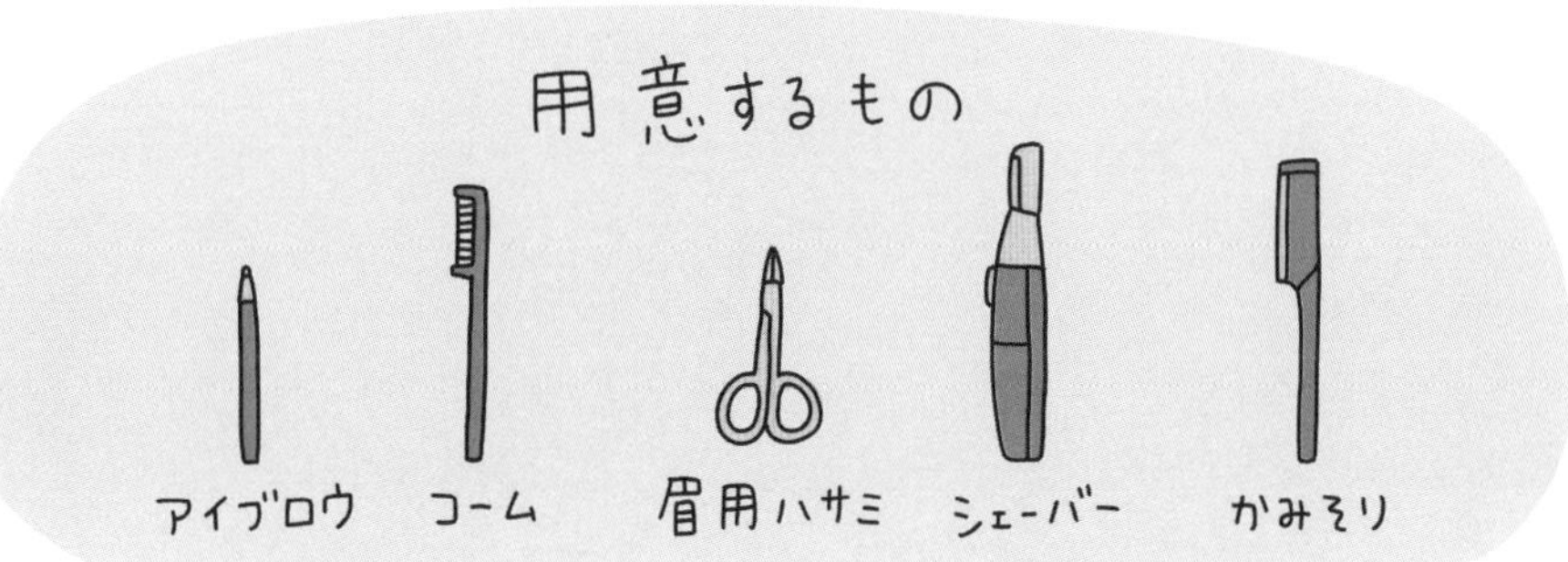

アイブロウなどを使用して
理想の眉を描く

コームで眉をとかしながら
はみ出た部分をハサミでカットする

理想の眉から出ている
毛を剃る

生理に関する悩みを何とかしたい！

- 生理に伴う不調は専門家に相談する
- 日頃のセルフケアも大事
- サニタリーグッズで生理中の不快感を解消する

事例 生理って何でこんなにしんどいの？

生理前になるとやたらムシャクシャしてしまい、つい家族に八つ当たりをしてしまう。申し訳ないと思うけれど、感情のコントロールができない。

生理痛もひどく、会社に行くのも億劫だ。生理中は集中力が落ちて、普段以上にミスが多い気がする。気を抜くとナプキンがずれてしまい、服や布団を汚してしまう。生理周期を予測して対策を立てたいのに、月経不順で予測が難しい。生理って何でこんなにしんどいんだろう。

原因 ストレスを受けやすい発達民はホルモンバランスが崩れやすい

生理による体調不良と発達障害の関連性が深いという医学的根拠はないが、発達障害を持つ人は**体調管理が苦手**な人が多く、結果ホルモンバランスが崩れて生理時の不調につながる場合がある。

発達障害が起因となり、過度なストレスを受け、うつ病などの二次障害に発展することがあるように、ストレスを受けやすい発達障害の人は、ストレスが生理時の不調を引き起こしていることがある。

また、普段から精神科系の薬を服用している人は、生理前や生理中に薬が効きにくかったり、反対に副作用が強く出たりすることもある。普段効く薬でも、生理の影響を受ける場合があるので、不調がある人は主治医にしっかり相談しよう。

解決法 生理に伴う不調は専門家に相談

生理の1〜2週間前から起こる情緒不安定や体調不良はPMS（月経前症候群）と呼ばれるが、特に精神的な不調が大きい場合は**PMDD**（月経前気分不安障害）の可能性がある。PMDDの場合は精神科や心療内科を受診する必要があるが、生理に関する不調はまず産婦人科で婦人科系の疾患がないかを診てもらい、その後で必要に応じて精神科や心療内科を紹介してもらったほうがよい。

生理痛やPMSなどがひどい場合は**産婦人科を受診しよう**。特に鎮痛剤を飲んでも激しい痛みがあり、日常生活に支障をきたす人は早めの受診が必要だ。

他にも生理前になると精神的に不安定になり、普段にも増してイライラ、抑鬱、衝動性が増す人はPMDDかもしれない。

生理に関する不調はあるものの、病院に行くほどではないと思う人や、行くのが億劫な人は、スマホから専門医に相談できるサービスもある。オンライン薬局「**YOJO**」では、LINEを使って簡単な問診に答えると、自分に合う漢方を紹介&販売してくれる。漢方の購入は有料だが、相談までは無料で行えるので、漢方に興味がある人は利用してみるといいだろう。

生理以外にも更年期、不妊、冷え性といった女性特有の悩みも相談できる。「**スマルナ**」は専門医と患者をつなぐサービスで、アプリを通してピルの処方をしてもらうことができ、郵送で送ってくれる。ピルは生理の悩みを幅広く解消してくれるので、興味がある人は一度相談してみるとよい。

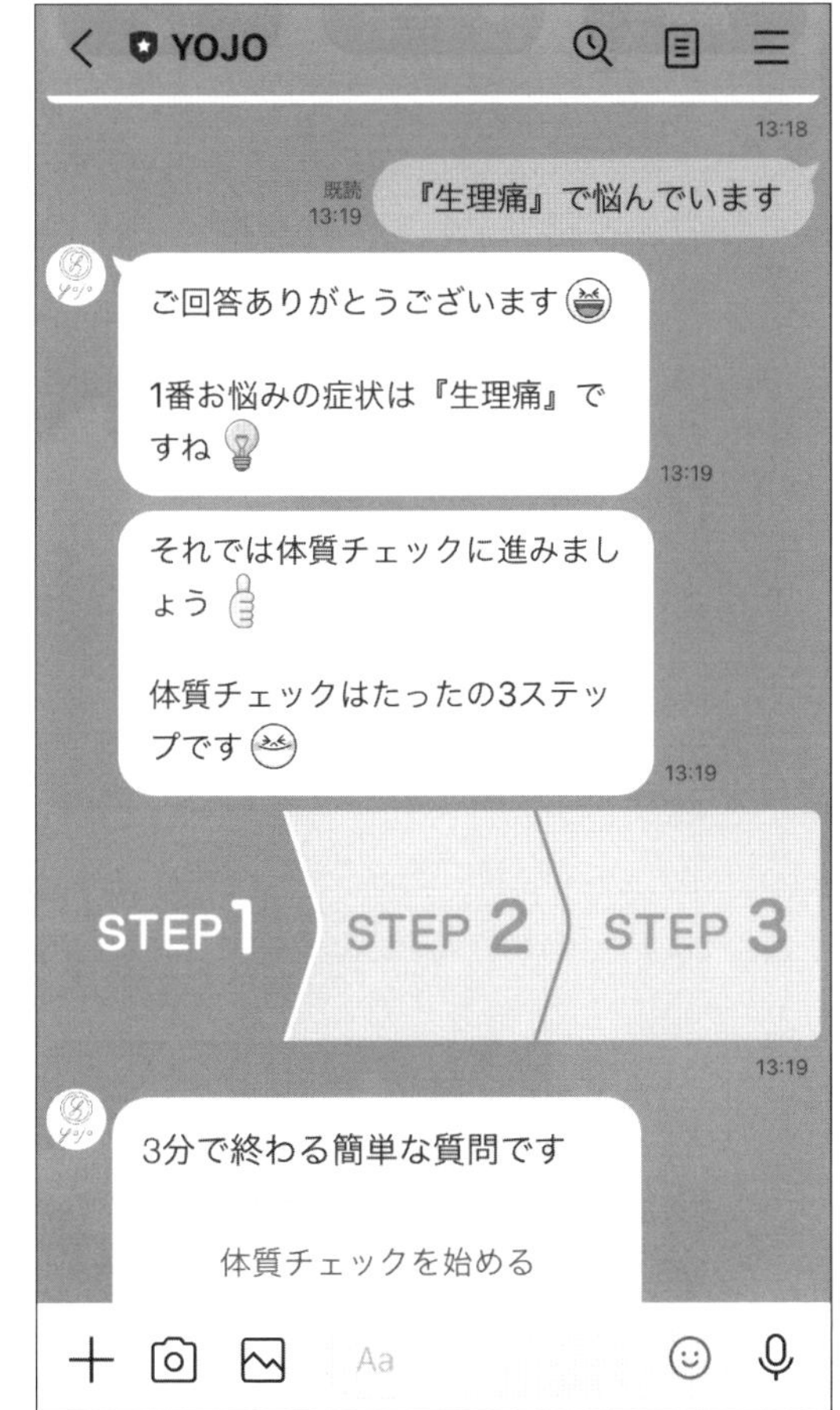

オンライン薬局「YOJO」の相談画面

日頃のセルフケアも大事

自分でできるセルフケアとしては、カフェインを避けて豆乳などのイソフラボンが含まれている食品を摂取するといい。もちろん、日々の生活リズムを整えることも大事だ。ホルモンバランスを整えることを意識しよう。

生理カレンダーのアプリを使って、状態を観察するのも有効だ。生理周期や、いつ頃から不調が始まるのか、しっかりと記録をつけることで、対策が立てやすくなったり、薬の効果がわかりやすくなったりする。

有名どころだと「ルナルナ」、シンプルデザインが好きな人には「Clue」、用途が幅広い「リズム手帳」などがお勧めだ。

iPhoneを使っている人は標準アプリのヘルスケアを使ってもよいだろう。

サニタリーグッズで生理中の不快感を解消

生理用ナプキンがずれて、漏れてしまう悩みの人は、吸水タイプの**サニタリーショーツ**を試してみてはどうだろうか。吸水タイプのサニタリーショーツは、ナプキンなしで経血を吸収するという驚きの性能を持つショーツだ。ナプキンをずれにくくする従来のサニタリーショーツとは違い、ショーツそのものが経血を吸収してくれる優れものである。ナプキンと併用して使えば、かなり安心感が出る。

ベアやエヴァウェアなど、吸水タイプのサニタリーショーツを取り扱っているブランドも増えてきている。価格帯やデザインのバラエティーも多いので、気になる人は「吸水ショーツ」で検索するとよい。

他にもショーツタイプのナプキンも心強い。オムツのようにショーツ全体がナプキンなので、ずれて漏らすことがほとんどなくなる。

それでもついてしまった経血のシミには食器用の中性洗剤につけ置いてから洗う、もしくはコンタクトレンズの洗浄液につけ置いてから洗うと落ちやすくなるので試してみてほしい。

ベアサニタリーショーツ

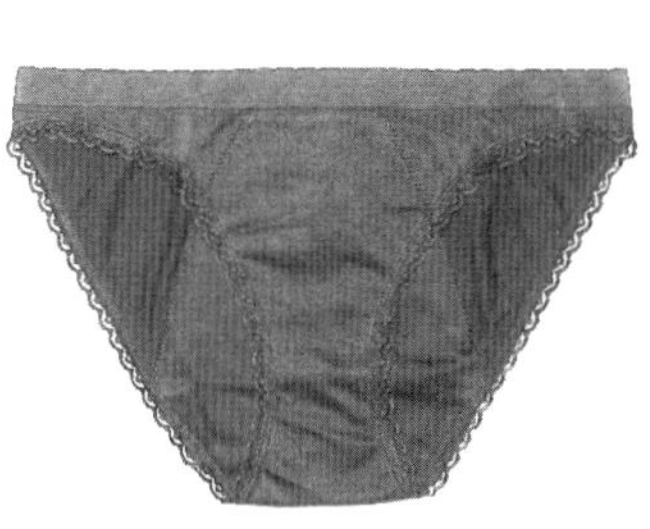
エヴァウェアのサニタリーショーツ

生理を管理できるアプリ

● ルナルナ

- 生理日や排卵日の予測ができる
- ピルの服薬状況に伴う体調変化の管理にも対応
- 登録したデータをルナルナと提携している医療施設で閲覧可能

● Clue

- シンプルに生理周期や排卵日を登録、予測できる
- 見やすいデザイン
- 生理痛や頭痛など体調不良も予想

● リズム手帳

- 生理だけでなく、体重や体脂肪率も登録できるのでダイエットにも使える
- 「オリモノ指数」「肌指数」「イライラ指数」「ダイエット指数」がわかる
- 基礎体温の記録ができるので、妊活にも使用できる

● ヘルスケア（iOSのみ）

- iPhone標準アプリ
- 生理記録以外にも睡眠や歩数も管理できる
- 連携できるアプリも多い

おわりに

本書を読んでくださり、ありがとうございます。

　本書の執筆依頼を受けてから第一稿を提出するまでに1年以上の歳月がかかりました。これまで千人以上の当事者の方とオンライン・オフライン問わず交流を持っていた私は、当初、すぐに書き終わるだろうと見込んでいました。発達障害を持つ女性の悩みもたくさん思いつくし、それに対する解決策も自分ではかなり持っていると自負していたからです。

　しかし、実際にアンケートをとり、原稿を書き、いろいろな方のご指摘を受ける中で自分の視野がいかに狭かったかということに気づかされました。ADHD傾向の強い私にとってはちょっとしたことであっても、ASD傾向の強い方にとっては全然ちょっとしたことではなかったり……。

　自分で実際に試せる解決策はどんどん試し、自分には足りない視点であるASD傾向の方や、育児をしているお母さま方に何度もインタビューを行い、さまざまな角度から解決策を提案できるように尽力しました。

　この本を書き上げるまでにかなりの時間と労力がかかりましたが、その分、渾身の1冊になったと思っています。これも、アンケートにご協力いただいた「Decojo(でこ女)」会員の皆さまをはじめ、インタビューにご協力いただいた皆さま、私の原稿をレビューいただいた皆さま、原稿の完成を粘り強く行ってくれた翔泳社の長谷川和俊さん、多田実央さん、ここでは書ききれないほど本当に多くの方のお力添えのおかげです。心より感謝申し上げます。

　今回、いただいたご恩を、今後もでこ女の代表として、そして一当事者、一個人として社会に還元できるよう、活動を続けて参りたいと思います。

　そして、読者の皆さまにもお願いがございます。技術の進歩は近年、想像もつかないほど速くなっています。この本に書いた解決策も、「少し古いかも?」「もっといい方法があるのに!」と感じた方もいらっしゃるかもしれません。そんなときは、でこ女の私までご一報いただけないでしょうか。よりよい解決策を私自身、これからも発信し続け、皆さんのお力になれればと思っています。

2021年9月　沢口千寛

本書内容に関するお問い合わせについて

このたびは翔泳社の書籍をお買い上げいただき、誠にありがとうございます。弊社では、読者の皆様からのお問い合わせに適切に対応させていただくため、以下のガイドラインへのご協力をお願い致しております。下記項目をお読みいただき、手順に従ってお問い合わせください。

●ご質問される前に

弊社 Web サイトの「正誤表」をご参照ください。これまでに判明した正誤や追加情報を掲載しています。

正誤表　　https://www.shoeisha.co.jp/book/errata/

●ご質問方法

弊社 Web サイトの「刊行物 Q&A」をご利用ください。

刊行物 Q&A　https://www.shoeisha.co.jp/book/qa/

インターネットをご利用でない場合は、FAX または郵便にて、下記“翔泳社 愛読者サービスセンター”までお問い合わせください。電話でのご質問は、お受けしておりません。

●郵便物送付先および FAX 番号

送付先住所　〒 160-0006　東京都新宿区舟町 5
FAX 番号　03-5362-3818
宛先　(株)翔泳社 愛読者サービスセンター

●回答について

回答は、ご質問いただいた手段によってご返事申し上げます。ご質問の内容によっては、回答に数日ないしはそれ以上の期間を要する場合があります。

●ご質問に際してのご注意

本書の対象を越えるもの、記述個所を特定されないもの、また読者固有の環境に起因するご質問等にはお答えできませんので、予めご了承ください。

※本書に記載されている情報は、2021 年 8 月執筆時点のものです。
※本書に記載された商品やサービスの内容や価格、URL 等は変更される場合があります。
※本書の出版にあたっては正確な記述につとめましたが、著者や出版社などのいずれも、本書の内容に対してなんらかの保証をするものではなく、内容やサンプルに基づくいかなる運用結果に関してもいっさいの責任を負いません。

[著者プロフィール]
沢口 千寛（さわぐち・ちひろ）
1992年生まれ。
大学卒業後、エンジニアとして就職するものの、まったく仕事ができず社内ニートに。社会人3年目に発達障害の診断を受け、ADHDであると診断される。今まで「個性」だったものが「障害」となったショックから、この気持ちを誰かと共有したいと思い、発達障害を持つ女性のためのコミュニティ「Decojo」を2017年に立ち上げる。話したいけれど誰にも知られたくないという女性の気持ちに配慮し、オンラインでの当事者会から活動をスタートし、2019年には大阪を中心に全国で年間20回以上の対面での当事者会を開催するまでに活動の幅を広げる。Decojoの会員数は700名以上にのぼり、現在も活動を続けている。

装　丁・本文デザイン	小口翔平＋加瀬梓（tobufune）
イラスト	高村あゆみ
本文DTP・図版	一企画

ちょっとしたことでうまくいく
発達障害の女性が上手に生きるための本

2021年 9 月 8 日　初版第1刷発行
2022年 5 月20日　初版第3刷発行

著　者	沢口 千寛
発行人	佐々木 幹夫
発行所	株式会社 翔泳社（https://www.shoeisha.co.jp）
印刷・製本	株式会社 加藤文明社印刷所

本書へのお問い合わせについては、175ページに記載の内容をお読みください。

造本には細心の注意を払っておりますが、万一、乱丁（ページの順序違い）や落丁（ページの抜け）がございましたら、お取り替えいたします。03-5362-3705までご連絡ください。

ISBN978-4-7981-6595-0　　Printed in Japan